Auferstehung?

Hans Kessler

Auferstehung?

Der Weg Jesu, das Kreuz und der Osterglaube

Matthias Grünewald Verlag

VERLAGSGRUPPE PATMOS

PATMOS
ESCHBACH
GRÜNEWALD
THORBECKE
SCHWABEN
VER SACRUM

Die Verlagsgruppe
mit Sinn für das Leben

Für die Verlagsgruppe Patmos ist Nachhaltigkeit ein wichtiger Maßstab ihres Handelns. Wir achten daher auf den Einsatz umweltschonender Ressourcen und Materialien.

Bibliografische Information der Deutschen Nationalbibliothek
Die Deutsche Nationalbibliothek verzeichnet diese Publikation in der Deutschen Nationalbibliografie; detaillierte bibliografische Daten sind im Internet über http://dnb.d-nb.de abrufbar.

4. Auflage 2021
Alle Rechte vorbehalten
© 2021 Matthias Grünewald Verlag
Verlagsgruppe Patmos in der Schwabenverlag AG, Ostfildern
www.gruenewaldverlag.de

Umschlaggestaltung: Finken & Bumiller, Stuttgart
Satz: Schwabenverlag AG, Ostfildern
Druck: CPI books GbmH, Leck
Hergestellt in Deutschland
ISBN 978-3-7867-3252-5

Inhalt

4. Kapitel: Wie kam es zur Entstehung des Osterglaubens?

5. Kapitel: Was Auferstehung heute bedeuten kann

Vorwort

Zu diesem Buch provoziert hat mich, was man neuerdings über Ostern und Auferstehung alles zu lesen und zu hören bekommt. Um nur einiges zu nennen:

Zu Ostern 2020 haben im Zeit-Magazin zwei Pfarrerstöchter unter dem Titel »Auferstanden – oder doch nicht?« die »Auferstehungsgeschichte« nachzuerzählen und zu deuten versucht, sehr locker und mit dem Resultat: »Übrig bleibt nur dieses eine Gebot: Du sollst deinen Nächsten lieben wie dich selbst.«[1] Übrig bleibt sonst nichts? Im Deutschen Pfarrerblatt hatte 2019 zu Ostern ein Superintendent gemeint: Nach Jesu Kreuzestod haben die Jünger diskutiert, haben im Alten Testament gesucht und schließlich »Jesus in neuem Licht gesehen«.[2] Das war's. Auch liberale Katholiken denken bisweilen so.

Auf der anderen Seite liest man 2020 im evangelischen Wochenblatt »Unsere Kirche« ein Interview mit dem 92-jährigen Theologieprofessor Jürgen Moltmann, in dem er der Hamburger Bischöfin zustimmend meint: »Das Grab war leer. Der Leichnam wurde auferweckt und ist wieder lebendig geworden.«[3] Und den Jüngern sichtbar, handgreiflich erschienen.

Ähnliche Aussagen sind auch von katholischen Predigern zu hören: »Jesus ist aus dem Grab auferstanden.« »So etwas ist seitdem nie wieder passiert«, fügt die Kinderseite des Paderborner Domblatts zu Ostern 2020 hinzu. Und mancherorts wird noch immer zu Ostern gesungen: »Das Grab ist leer, der Held erwacht, der Heiland ist erstanden.«[4] Joseph Ratzinger (Benedikt XVI.) besteht aus dogmatischen Gründen darauf, dass das Grab leer gewesen sein muss, und jüngst (2019) betont dies, ohne Beachtung neuer Forschung[5], ebenso der Freiburger Dogmatiker Helmut Hoping.[6]

Doch im selben Jahr 2019 veröffentlicht der frühere Frankfurter Mediävist Johannes Fried ein Buch »Kein Tod auf Golgotha. Auf der Suche nach dem überlebenden Jesus«, und behauptet, dass Jesus zwar gekreuzigt und begraben wurde, aber nicht gestorben, sondern wieder erwacht ist und gesund gepflegt wurde, weshalb es eine Auferstehung nicht brauche, sie vielmehr von den Jüngern erfunden worden sei. Der Journalist Franz Alt hatte sich vor Jahren ähnlich geäußert.

Auferstehung erfunden? Oder wie manche Bibelwissenschaftler denken: Nach dem Tod Jesu von seinen Jüngern aus dem Hoffnungsüberschuss entwickelt, den Jesu Botschaft und Wirken in ihnen erzeugt hatte?

Eine verwirrende Vielzahl von gegensätzlichen Ansichten, die doch alle auf ihre Begründungen hin kritisch zu prüfen sind. Bei kaum einem anderen Thema des christlichen Glaubens gehen die Auffassungen so weit auseinander wie beim Thema Auferstehung Jesu. Und nichts über Jesus wird so missverstanden und fehlinterpretiert wie Auferstehung.

Deshalb gilt es genauer zuzusehen und kritisch zu unterscheiden. Und es gilt, möglichst sorgfältig die Quellen in den Blick zu nehmen, also die Grundlagen zu prüfen.

Vor vielen Jahren (1985) habe ich ein umfangreiches Buch zum Thema veröffentlicht, es zehn Jahre später (1995) nochmals erheblich erweitert, um auf damalige Positionen ausführlich einzugehen[7]; das Buch liegt mittlerweile in sechster Auflage als Taschenbuch vor. Aber es ist mit 527 Seiten für viele heutige Leser schlicht zu umfangreich. Außerdem ist die Forschung nicht stehengeblieben und Gespräche mit fragenden Menschen gaben zu denken. Deshalb habe ich mich noch einmal eingehend mit dem Thema beschäftigt und das vorliegende kleinere Buch geschrieben, das sich einerseits auf dem Stand der heutigen Forschung bewegt und dort Stellung bezieht, das aber andererseits zugleich verständlich und lesbar sein soll. Um es gut lesbar zu halten, habe ich viele fürs erste Verstehen entbehrliche Zusatzinformationen in Anmerkungen verschoben.

Das Buch ist für zweifelnde und fragende Zeitgenossen gedacht, die sich nicht mit vorgefertigten Ansichten abspeisen lassen wollen, sondern weiterfragen und zu einem heute möglichen, begründetem Urteil kommen möchten. Es ist einerseits für Kirchenferne geschrieben, denen Gott, Jesus, Neues Testament eine fremde Welt ist; deshalb setze ich möglichst wenig voraus und erkläre von Beginn an die Grundlagen. Andererseits möchte das Buch aber auch Religionslehrern und Predigern dazu dienen, ihre Hörer*innen und Schüler*innen nicht mehr mit fragwürdigen Vorstellungen allein zu lassen, sondern ihnen darzutun, worum es diesem Galiläer Jesus gegangen ist, was mit seiner Auferweckung sowie den Ostererfahrungen seiner Jünger gemeint ist, und warum er mit seiner Reich-Gottes-Botschaft heute brandaktuell ist.

In welchen Schritten gehe ich in dem Buch vor? Wer bedenken will, wie es zum Glauben an Jesu Auferstehung gekommen ist und was sie bedeutet, muss mit dem irdischen Jesus beginnen. Was können wir begründet von ihm wissen, was ist seine Schlüsselerfahrung und Grundbotschaft, warum musste er sterben, was zeigen die kritisch geprüften Quellen? Darum geht es im 1. Kapitel »Der Weg Jesu bis zur Kreuzigung«. Ein kurzes

2. Kapitel beschäftigt sich exkursartig mit der neuerdings wieder aufgeworfenen Frage: »Ist Jesus überhaupt am Kreuz gestorben oder hat er überlebt?« Das lange 3. Kapitel »Die Osteraussagen des Neuen Testaments – wie sind sie zu verstehen?« geht der Entwicklung nach: von den Ursprüngen mit dem frühesten knappen Bekenntnis, Gott habe Jesus auferweckt und erhöht, bis hin zu den späteren Ostererzählungen, die dieses Bekenntnis erzählerisch in anschauliche Szenen umsetzen, die aber damit nicht sagen wollen, was im Jahre 30 genau abgelaufen ist, sondern Antworten geben wollen auf Fragen späterer Gemeinden zwischen 70 und 100; so etwa die Emmauserzählung auf Fragen wie diese: wo können wir Späteren dem auferstanden gegenwärtigen Herrn begegnen? In Exkursen werde ich auch auf die strittigen Fragen eingehen: Musste das Grab Jesu leer sein, nach damaliger Sicht und nach heutiger? Und: Wie können die sog. Erscheinungen verstanden werden? Daran schließt sich dann das 4. Kapitel »Heutige Theorien zur Entstehung des Osterglaubens« an.

Den Abschluss bildet ein aktuelles 5. Kapitel »Was bedeutet Auferstehung und was kann sie heute bedeuten?« Da so etwas wie Auferstehung fundamental Gott voraussetzt, wird zuerst bedacht, was diese Aussage beinhaltet und wie sie zu begründen ist angesichts der heute so wirkmächtigen naturalistischen Weltsicht. Sodann wird entfaltet, was Auferstehung Jesu und der Toten bedeuten kann, was mit Leib im Unterschied zum materiellen Körper und daher mit leibhaftiger Auferstehung gemeint ist, ferner mit Auferstehung im Tod, mit ewigem Leben, Gericht und Versöhnung, und was die Überzeugung von der Gegenwart Christi beinhaltet. Im Schlussteil »Auferstehung jetzt« wird erläutert, inwiefern ein an Jesus orientiertes Christentum Aufsteh-Religion ist, nicht nur Auferstehungs-Religion, ja warum es zur Aufsteh-Religion wird, gerade wenn es das Bekenntnis zur Auferstehung Jesu meint.

Ich werde nicht aus einem dogmatischen Vorwissen heraus sprechen, demzufolge es so und so sein *muss* und die biblischen Texte so und so verstanden werden *müssen*. Vielmehr versuche ich, von den biblischen Zeugnissen auszugehen, sie auf ihre damaligen kulturellen Voraussetzungen sowie auf ihre literarischen Eigenarten und Redeweisen hin zu befragen und mich behutsam an die erkennbaren Sachverhalte heranzutasten. Dazu gehört auch, die heute vorliegenden unterschiedlichen Verstehensversuche und Erklärungen in den Blick zu nehmen und auf ihre Argumente hin zu überprüfen. Erst daraus kann sich ein begründetes Urteil ergeben und eine heute tragfähige Sicht. Was können wir wissen und was können wir mit guten Gründen glauben?

Danken möchte ich meiner Frau Heidrun, die durch ihr kritisches Mitdenken und durch ihr Umsorgen wesentlich zum Werden des Buches beigetragen hat. Dem Lektor des Grünewald-Verlages Volker Sühs danke ich für seine sorgfältige verlegerische Betreuung.

Frankfurt/Main und Werther/Westf., im Dezember 2020
Hans Kessler

Einleitung

Warum beschäftigen sich Menschen nach 2000 Jahren noch mit Jesus von Nazaret? Warum orientieren sich viele an ihm, auch außerhalb der Kirchen, bis hin zu Hindu-Frauen in Indien? Was erfahren sie in der Begegnung mit ihm? Und was bewegt Christen, an Jesus Christus zu glauben? Warum er? Viele Christen antworten: Weil er auferstanden und der Sohn Gottes ist. Aber wie kommen sie dazu, das zu sagen? Jesus hat sich doch selbst nie Sohn Gottes genannt, wie die Forschung zeigt. Ist nicht viel wichtiger, worum es ihm ging und was er in die Welt brachte?

Der Philosoph Ernst Bloch, bekennender Atheist, hat in seinem Werk »Das Prinzip Hoffnung« auch etliche Seiten über Jesu Wirken geschrieben und dann gesagt: »Hier wirkte ein Mensch als schlechthin gut, das kam noch nicht vor« (1487). Ein erstaunlicher Satz für einen Atheisten. Ernst Bloch hat nicht weitergefragt, wie es denn überhaupt möglich sein kann, dass ein Mensch als »schlechthin gut« wirkte, was »noch nicht vorkam«. Wir wirken ja nicht schlechthin gut. Sehen wir also genauer zu.

1. Kapitel:
Der Weg Jesu bis zur Kreuzigung

Wer bedenken will, wie es zum Glauben an die Auferstehung Jesu gekommen ist und was dieser bedeutet, muss mit dem irdischen Jesus, seiner Botschaft und seinem Weg bis zur Kreuzigung beginnen. Wer ist dieser Jesus von Nazaret, von dem da behauptet wird, er sei auferweckt worden und mit seiner Botschaft und Person in universale Geltung gesetzt? [8]

»Jesus« (hebr. Jeshú[a] = Gott hilft, rettet) ist der Eigenname des Jesus aus Nazaret. Da dieser Name damals öfters begegnet, dient zur Unterscheidung die Angabe der Herkunft »aus Nazaret« oder »der Nazarener« (vgl. Mk 1,24).

»Christus« (hebr. Mashí[a]ch, Messias = der Gesalbte) ist ein jüdisch-urchristlicher Würdetitel, der freilich schon im hellenistischen Christentum nicht mehr verstanden wurde, so dass »Jesus Christus« schon damals wie ein Doppelname klang.

Haben die Christen Jesus verfälscht, wenn sie ihn Christus (Messias), Sohn Gottes nannten? Haben sie ihn vergöttlicht? [9] Das Misstrauen gegenüber den Kirchen und der Verdacht der Verfälschung des Nazareners ist groß und veranlasst zur Frage:

Was wissen wir wirklich von diesem Jesus aus Nazaret, von seinem Ende und von dem, was dann folgte? Und was kann man mit guten Gründen glauben?

1. Welche Quellen gibt es?

Dass Jesus gelebt hat und hingerichtet worden ist, bestätigen auch **außerchristliche Zeugnisse**.[10]

Der römische Historiker *Tacitus* (55–120 nC) schreibt (in seinen Annalen 15,44) zum Brand Roms im Jahre 64, dass Nero, um den Verdacht von sich abzulenken, die »Christiani« beschuldigte. »Dieser Name rührt her von Christus, der unter (der Regierung des Kaisers) Tiberius vom Prokurator Pontius Pilatus hingerichtet worden war. Dieser verderbliche Aberglaube war für den Augenblick unterdrückt worden, trat aber später wieder hervor und verbreitete sich nicht nur in Judäa, wo er aufgekommen war, sondern auch in Rom, wo alle Gräuel und Abscheulichkeiten der ganzen Welt zusammenströmen und geübt werden.« Und *Sueton* (70–130 nC) schreibt in seinen Kaiserbiographien (25,4), Kaiser Claudius (41–54) habe »angeordnet, dass alle Juden Rom verlassen müssten«; »die Juden, die, von Chrestus aufgehetzt, fortwährend Unruhe stifteten, vertrieb er aus Rom«. Zu dieser auch Apg 18,2 erwähnten Vertreibung der Juden aus Rom (im Jahre 49) kam es, weil unter den römischen Juden wegen der christlichen Predigt über den Messias (= Christus) Unruhen entstanden waren; Sueton nahm an, dass »Chrestus« Anstifter der Unruhen war.

Das wohl älteste pagane Zeugnis über Jesus aber findet sich in einem Privatbrief des syrischen Stoikers *Mara Bar Sarapion*, den er kurz nach 73 nC aus römischer Gefangenschaft an seinen Sohn schrieb. Darin empfiehlt er diesem die Weisheit als einzig erstrebenswerten Lebensinhalt und nennt zur Illustration drei Weise (Sokrates, Pythagoras, anonym Jesus), die von ihren Mitbürgern getötet wurden, aber nicht tot sind (Sokrates ist nicht tot wegen Platon); wörtlich spricht Mara von der »Hinrichtung des weisen Königs der Juden«, der »nicht tot ist wegen der neuen Gesetze, die er gegeben hat«.

Der jüdische Historiker *Flavius Josephus* (37–100 nC)[11] notiert in seinem Werk »Jüdische Altertümer«, dass Johannes der Täufer von Herodes Antipas um 28 nC beseitigt wurde (Ant 18,5,2) und dass Jakobus, der »Bruder Jesu, der Christus genannt wird« im Jahre 62 nC auf Betreiben des damaligen Hohepriesters gesteinigt wurde (Ant. 20,200). Und er kommt in einem später christlich überarbeiteten Textstück auch auf Jesus zu sprechen (wenn man die christlichen Zusätze wegnimmt, lautet der Text in Ant 18,63f): »Um diese Zeit lebte Jesus, ein weiser Mensch. Er war der Vollbringer außergewöhnlicher Taten, zog viele Juden und auch viele Heiden an sich. Und obgleich ihn Pilatus auf Betreiben der Vornehmsten unseres Volkes zum Kreuzestod verurteilte, wurden doch seine früheren Anhänger ihm nicht untreu. Noch bis auf den heutigen Tag besteht das Volk der Christen fort, die sich nach ihm nennen.«

Und im *babylonischen Talmud* wird (im Traktat Sanhedrin 43a) überliefert: »Am Vorabend des Passah(festes) wurde Jesus von Nazaret gehängt …, weil er Zauberei getrieben und Israel verführt und abtrünnig gemacht hat«.[12]

Es ist erstaunlich, wie übereinstimmend und ganz selbstverständlich diese außerchristlichen Zeugnisse davon ausgehen, dass Jesus eine historische Persönlichkeit war, dass er in besonderer Weise gewirkt hat und dass er hingerichtet worden ist.

Genaueres über Jesus wissen wir freilich nur aus christlichen Schriften, vor allem aus den Evangelien des Neuen Testaments.

Zwar gibt es auch christliche Texte **außerhalb des Neuen Testaments** (aus der Zeit um 130 oder 180 nC und noch später).[13] Doch sie *alle setzen* die neutestamentlichen Evangelien *bereits voraus*, verwenden sie, gestalten sie aus (legendarisch das Nazoräer-, das Ebionäer-, das Petrus-Evangelium in Syrien, gnostisierend[14] das Hebräer-, das Thomas- und das Judasevangelium in Ägypten[15], oder volkstümlich-märchenhaft das Jakobusevangelium[16]). Sie alle haben ihren Trägergruppen entsprechend jeweils eigene Anliegen. Historisch sind sie unergiebig. Bisher Unbekanntes über Jesus ist daraus nicht zu gewinnen.

Im Wesentlichen sind wir daher auf **die neutestamentlichen Evangelien** von Markus (Mk), Matthäus (Mt) und Lukas (Lk) angewiesen, gelegentlich auch auf das Johannesevangelium (Joh), das freilich weithin eine späte Meditation voller Symbolworte und Symbolgeschichten ist.

Das um 70 nC abgeschlossene[17] **MkEv** wurde der kirchlichen Tradition zufolge in Rom aufgeschrieben, und zwar aufgrund der Berichte und Erzählungen des *Petrus* durch dessen Begleiter *Johannes Markus* (vgl. 1 Petr 5,13 sowie die Notiz des Papias von Hierapolis). Es spricht vieles dafür, dass im MkEv auch die Erzählungen eines Augenzeugen festgehalten und überliefert sind.[18]

Johannes mit Beinamen *Markus* stammt aus Jerusalem, dort hatte seine Mutter ein Haus, das nach Ostern einen Treffpunkt der Urgemeinde bildete, in dem auch Petrus verkehrte (so Apg 12,12–14). Nach Apg 12,25 und 13,5 nahmen Paulus und Barnabas den Johannes Markus von Jerusalem mit nach Antiochien und von dort auf die erste Missionsreise; doch in Pamphylien trennte sich Markus von ihnen und kehrte nach Jerusalem zurück (Apg 13,13). Dann nimmt Barnabas seinen Vetter Markus auf seine Missionsreise mit (Apg 15,37–39; vgl. Kol 4,10); dann ist Markus wieder bei Paulus (Phm 24).[19] Spä-

ter war Markus Mitarbeiter des Petrus, wie der erste Petrus-
brief, pseudonymer Brief eines Paulusschülers, festhält
(1 Petr 5,13). Das trifft sich mit der Notiz des Papias von Hierapolis (um 130 nC.), der sich dabei auf den Presbyter Johannes (zwischen 70–100 n. C.) beruft, wonach Markus nicht
selbst Augenzeuge des Wirkens Jesu, aber später Begleiter und
»Dolmetscher des Petrus« war und dessen Erzählungen der
Worte und Taten Jesu aufschrieb (aus zweiter Hand und ohne
richtige Ordnung, wie Papias kritisiert).[20]

Der aus Jerusalem stammende Markus war also selbst nicht
Augenzeuge des Wirkens Jesu in Galiläa. Aber er hat Berichte
von Augenzeugen und Jesusüberlieferungen festgehalten. Und
er könnte sich selbst festgehalten haben in der Notiz von jenem jungen Mann, der nach Jesu Gefangennahme ihm nachgehen wollte, nur mit einem leinenen Tuch bekleidet, und als
man ihn verhaften wollte, das Tuch fallen ließ und nackt in die
Nacht floh (Mk 14,51f); wer anders könnte diesen Vorfall für
erwähnenswert gehalten haben als eben der Beteiligte selbst?

Der Mk-Evangelist ist *Sammler* von Jesusüberlieferungen. Er
nimmt geprägte Traditionsstoffe auf, die zeitlich weit zurück-
reichen, bis hin zu Jesus selbst: eine schon schriftliche Passionsgeschichte (mit dem Zeugen Simon von Cyrene, Vater des
Alexander und Rufus, die später zur christlichen Gemeinde
gehören: Mk 14,21; Röm 16,13); Sammlungen von Wundererzählungen (in Mk 5; 7,24–8,10); Schul- und Streitgespräche
(in Mk 12,13–37); Zusammenstellungen von Gleichnissen und
Bildworten Jesu (besonders in Mk 4); ein apokalyptisches Flug-
blatt von pazifistischen Judenchristen aus der Zeit des jüdisch-
römischen Kriegs 66–70 (in Mk 13)[21]. Und Mk ist *Gestalter*: Er
schafft mit diesen überlieferten Stoffen das erste »Evangelium«

(1,1), das man als Passionsgeschichte mit ausführlicher biographischer Einleitung charakterisiert hat; *Jesus* ist von einem (oft sog. Messias-) Geheimnis umgeben, das sukzessive enthüllt wird, zutiefst erst mit Kreuz und Auferstehung.

Die späteren Großevangelien **Mt** und **Lk** (beide um 85/90) verwenden als Quelle das MkEv und darüber hinaus eine zweite schriftliche Quelle, eine umfangreiche Sammlung von Jesusworten, die sog. Logien- oder Spruchquelle (abgekürzt Q[22], allmählich gewachsen aus kleineren Sammlungen, endredigiert sicher vor dem jüdisch-römischen Krieg 66); dazu kommt drittens heterogenes Sondergut (es hat ja nicht nur Petrus vom Wirken Jesu berichtet, sondern auch seine anderen Anhänger). Vor diese (von Mk, Q und Sondergut tradierten) Zeugnisse vom Wirken Jesu haben dann Mt und Lk in ihren Evangelien noch etwas anderes gesetzt: *legendarische Vorge-schichten* (Mt 1–2; Lk 1–2), die mit erzählerischen Mitteln die göttliche Bedeutung Jesu signalisieren wollen; und außerdem haben Mt und Lk (und später Joh) am Ende Erscheinungser-zählungen angefügt, auf die wir unten eingehen werden. Ein Blick in eine Synopse der Evangelien ist hier aufschlussreich.

Das späte **JohEv** (endredigiert um 100), eine hoch-christo-logische Meditation mit großen Reden- und Dialogkompositio-nen, vielen Symbolgeschichten (gesteigerte Wunder-»Zeichen«, z. B. Kap. 2 und 11) und Symbolworten (Ich-bin-Worte: Ich bin der gute Hirt, der wahre Weinstock, das lebendige Brot, der Weg, die Wahrheit und das Leben, usw.). So hat der irdische Jesus nicht gesprochen, so lässt ihn ein Späterer sprechen, der tiefer zu blicken versucht und die universale Bedeutung Jesu herausarbeitet: sein Kommen als Antwort auf die existentiellen Urfragen und Sehnsüchte der Menschheit.

Es will also beachtet sein, dass die Evangelien des NT (Mk, Mt und Lk, erst recht Joh) *keine neutralen Berichte oder Protokolle* sind. Sie bieten eine nachösterliche Sicht: sie sind am geschichtlich-irdischen Jesus interessiert, weil sie von seiner bleibenden Gegenwart und Bedeutung für alle überzeugt sind. Ihre entscheidende Voraussetzung ist also der Osterglaube. Was man vom vorösterlichen Jesus zu berichten hatte, stellte man im Licht des Osterglaubens dar. Und man tat es aus der Perspektive, die der jeweilige Evangelist und seine Gemeinde hatten.

So unterscheiden die Evangelisten oft nicht zwischen dem, was der irdische Jesus gesagt und getan hat, und dem, was sie von ihm als dem Auferstandenen und Gegenwärtigen glauben und bekennen. Sie legen dem irdischen Jesus z.T. Worte in den Mund, die dieser *so* nicht gesprochen hat, sondern die schon aus dem Glauben an den Auferstandenen und Gegenwärtigen (oder aus späterer Reflexion) gestaltet sind.[23]

Kurz: Die Evangelien sind Bericht und Bekenntnis zugleich, biographische Erzählung und Verkündigung in einem. Sie enthalten *viel* historisch zuverlässiges, ursprüngliches Material, aber eben auch vom Glauben überformte Berichte und Jesusbilder.

Die bibelwissenschaftliche Forschung hat seit 200 Jahren Methoden entwickelt, die es erlauben, zu unterscheiden und zu tragfähigen Erkenntnissen zu kommen. (Kein Buch der Welt wird ja so sorgfältig erforscht, wie die Bibel und speziell das Neue Testament seit 200 Jahren wissenschaftlich erforscht wird.)[24] Wir werden daher immer die Frage im Auge behalten: Woher haben die neutestamentlichen Autoren ihre Kenntnis und wie kommen sie zu ihrer Sicht? Was also können wir vom vorösterlichen, vom irdischen Jesus wissen?

2. Zur Herkunft Jesu

Jesus, hebräisch Jeshú[a] (= JHWH hilft/rettet), ist nach Lk 1,5 und Mt 2 geboren in den letzten Jahren der Regierungszeit des Königs Herodes (37–4 vC), der 4 vC gestorben ist. Jesus ist also spätestens 4 *vor* unserer Zeitrechnung geboren. (Der Mönch Dionysius Exiguus, der im Jahr 525 auf Wunsch des oströmischen Kaisers Justinian die römische Zeitrechnung »ab urbe condita« auf »post Christum natum«, »nach Christi Geburt«, umstellen sollte, hat sich um ein paar Jahre verrechnet. Dennoch: unsere Zeitrechnung geht von einer Mitte der Zeit und einer Zeitenwende aus.)

Jesus stammt aus Nazaret in Galiläa, damals ein kleines Bergdorf abseits vom Straßennetz mit höchstens 400 Einwohnern, die meist in natürlichen oder in den Felsen getriebenen Wohnhöhlen mit kleinen Vorbauten lebten.[25] Es gab eine Synagoge (vgl. Mk 6,1f; Mt 13,54; Lk 4,16), wo am Sabbat aus den hebräischen Schriftrollen vorgelesen wurde und wo gewiss auch Schulunterricht stattfand, in der aramäischen Volkssprache. Dort in Nazaret lebte Jesu Familie, seine Mutter Mirjam, seine vier Brüder[26] Jakobus, Joses, Judas und Simon, und mindestens zwei Schwestern, wie Markus berichtet (Mk 6,3).

Ihr wohl früh verstorbener Vater Joseph war »Zimmermann« (vgl. Mt 13,55), so wird meist übersetzt; das griechische Wort tékton meint einen Bauhandwerker, der mit Holz und Stein arbeitet. Auch Jesus war als kleiner Bauhandwerker tätig (Mk 6,3; Mt 13,55), in Nazaret und Umgebung. Gut möglich, dass er dabei auch in die nur 7 km entfernte prachtvolle hellenistische Stadt Sepphoris (mit Gerichts- und Markthalle, Bank, Agora, Theater usw.) kam, bis 19 nC Residenzstadt des Herodes Antipas, mit etwa 10.000 Einwohnern (darunter, wie viele gefun-

dene Mikwen bezeugen, auch jüdische Elite, die sich der helle-
nistisch-römischen Kultur öffnete). Gut möglich, dass der
Bauhandwerker Jesus auch dort arbeitete und mit griechischer
Sprache in Berührung kam, doch das wissen wir nicht.[27]

Dann aber, um 27/28 nC, mit »etwa 30 Jahren« (Lk 3,23),
bricht Jesus aus Familie und Beruf aus, verlässt Nazaret, wan-
dert gut 100 km nach Süden in die judäische Wüste zu dem
asketischen Gerichtspropheten Johannes, der dem Tempelsüh-
nekult in Jerusalem jeden Wert abspricht und zu sofortiger Umkehr aufruft, weil das Feuer-Gericht Gottes unmittelbar bevor-
stehe: »Ihr Schlangenbrut! Wer hat euch gelehrt, ihr würdet dem
kommenden Zorngericht entfliehen?« »Schon ist die Axt an die
Wurzel der Bäume gelegt; jeder Baum, der nicht gute Frucht
bringt, wird herausgehauen und ins Feuer geworfen«, sagt er
(Lk 3,7–9parMt 3,7–10); es ist keine Zeit zu verlieren, es eilt.
Die Umkehrwilligen bekommen eine letzte Heilschance, indem
sie eine (Fremd-)Taufe im Jordan *an sich geschehen lassen*, eine
(gegenüber jüdischen Selbst-Tauchbädern ganz neue) symbolische Handlung, die Gott gelten lasse anstelle der Umkehr-Taten,
für die keine Zeit mehr bleibt. Auch Jesus lässt sich von Johannes im Jordan taufen; das hat spätere Evangelisten gestört, ver-
schweigen können sie es nicht, deshalb versuchen sie es umzu-
deuten (so Mt 3,14f; Joh 1,26–34)[28].

Doch Jesus bleibt nicht im Täufer-Kreis, er tritt aus dem
Bannkreis des Täufers heraus, geht einen andern Weg. Er tritt
in Kapernaum und den umliegenden Dörfern am See Genezaret
auf, bei den kleinen Leuten (Fischern, Kleinbauern, die unter
dem Abgabendruck nichtjüdischer Großgrundbesitzer stehen,
unter Armut, Ausbeutung, religiöser und sozialer Diskriminie-
rung und Dämonenangst leiden[29]). Dort tritt er auf mit einer
eigenen Botschaft: Er ruft *auch* zu Umkehr, nur jetzt aus einem

ganz anderen Grund, nämlich weil Gottes (gute, heilsame) Herrschaft genaht ist und die Menschen erreichen will. Mk 1,15parr fasst Jesu Botschaft so zusammen: »Die Zeit ist voll, *Gottes Herrschaft/Reich ist genaht, des*wegen kehrt um und vertraut auf das Evangelium (= die frohe Botschaft)«. An die Stelle von Gerichtsangst vor dem zornigen, vergeltenden Richtergott und von Umkehrforderung als Vorbedingung für (damit fast aussichtslose!) Rettung tritt bei Jesus die unserem Tun und Umkehren *zuvorkommende*, vorbedingungslos barmherzige Zuwendung Gottes. *Lebensumkehr* ist nicht mehr Vorbedingung für Heilserlangung, sondern *Folge und Frucht des umsonst geschenkten Heils*, des Geliebt- und Angenommen-seins durch Gott.[30]

3. Jesu Schlüssel-Erfahrung und Grund-Botschaft

Warum trennt sich Jesus vom Täufer Johannes? Wie kommt er zu seiner eigenen Botschaft, woher hat er sein anderes Verständnis von Gott?

Die Forschung sucht biographische Spuren und Anhaltspunkte in der urchristlichen Überlieferung, die sich ergänzen können.

(1) Früher wurde oft auf die Erzählung von der Taufe Jesu Mk 1,9–11 verwiesen, die freilich schon von nachösterlicher Taufe und Sohn-Gottes-Christologie überformt ist, aber ursprüngliche Elemente bewahren könnte. Dieser Taufperikope zufolge geschah unmittelbar *nach* der Taufe durch Johannes die entscheidende Vision und Gotteserfahrung Jesu (der Himmel offen, eine innere Stimme, Gottes Hauch/Geist), in der ihm aufging: Gott ist nicht so, wie der Täufer ihn predigte. Falls es

zuträfe, dass Jesus sich schon hier seiner eigenen Sendung bewusst geworden ist, dann hätte eigentlich dies schon zur Trennung vom Täufer führen müssen. Dafür gibt es keine überzeugenden Hinweise; viel wahrscheinlicher ist, dass Jesus nach seiner Taufe eine gewisse Zeit zum Kreis des Täufers gehörte und dann von dessen Schülern einige mit ihm gingen.[31]

(2) In der neueren Forschung sehen manche als Auslöser für Jesu eigenständiges Auftreten einen anderen Anhaltspunkt, nämlich das kurze Wort vom Satanssturz, das in Lk 10,18.20 erhalten geblieben ist und das, weil es so eigenartig und unerfindlich ist, auch kritischen Forschern als authentisch gilt: »Ich habe den Satan wie einen Blitz vom Himmel fallen sehen. ... Freut euch, dass eure Namen in den Himmeln verzeichnet sind«. Ob damit eine Vision oder unvisionär eine plötzliche Einsicht gemeint ist, bleibt offen, – jedenfalls spricht Jesus hier von einer ihm zuteil gewordenen Schlüsselerfahrung, die sein Gottesbild, das zunächst von der Gerichtsbotschaft des Täufers bestimmt war, radikal veränderte.[32] Dazu muss man wissen: Für Jesu Zeitgenossen war Satan *nicht* (wie z. T. später) ein gefallener Engel, sondern (wie für Ijob 1,6–12 und Sacharja 3,1–4) der Ankläger vor Gottes Thron im Himmel, sozusagen der himmlische Chefankläger, der die Menschen vor Gott verklagte. Wenn aber nun nach Jesu Überzeugung Gott – im damaligen Bild gesprochen[33] – den Ankläger aus dem Himmel geworfen hat, m. a. W.: wenn Gott die Menschen nicht mehr wegen ihrer Schuld anklagt, dann zeigt sich alles in neuem Licht: dann ist Gott definitiv zu Vergebung und Heil entschlossen. Und die Menschen, die Jesus zuhören, sollen »sich freuen«, weil jetzt ihre Namen unauslöschlich bei Gott verzeichnet sind. Gott ist also, anders als der Täufer ihn verkündigte, nicht der

streng vergeltende Richtergott, vor dem man Angst haben muss, vielmehr ist Gott *allen ohne Vorbedingung vergebend zugewandt*, mit einer unbedingt für *alle* entschiedenen Güte, die alle erreichen will (was nur verlangt, dass man sie an sich heran lässt). »Keiner ist gut außer einer: Gott«, wird Jesus dann sagen (Mk 10,18parr; vgl. schon Ps 86,15 u. a.)[34]. Man kann Gott *angstlos vertrauen.*

Jesus wagt es zu dem unbegreiflich heiligen Gott ábba (lieber Vater) zu sagen, er lebt eine ganz erstaunliche Nähe zu Gott[35], verweilt bei ihm, vor ihm, in ihm, frühmorgens abseits, wenn die andern noch schlafen (vgl. Mk 1,35–37). Eine Revolution im Gottesverständnis![36]

(3) Neuere Forschung weist noch auf einen anderen Anhaltspunkt hin: auf die für Jesus selbst überraschende »Wunder«-Erfahrung.[37] Völlig unerwartet bekommt Jesus sich selbst als Werkzeug Gottes zu erleben. Die Erfahrung einer von ihm ausgehenden heilenden Kraft und Ausstrahlung (Mk 5,30parr; Lk 6,19) und von geschehenden Heilungen bringt ihn zur Gewissheit: Gott ist schon mit seiner heilenden Güte am Werk. Mit dieser Erfahrung »erschloss sich Jesus ein Weg, den er nicht von sich aus gesucht hatte«[38]. Die Leute kommen mit ihren Gebrechen, wo er hinkommt, bringen sie ihre Kranken zu ihm, »und er heilte viele« (Mk 1,33parr; 3,7–10parr; u. a.).

Was Propheten für die zukünftige Heilszeit erhofften (vgl. Jes 29,18f; 35,5f; 61,1f), fängt jetzt schon an: Gott sammelt sein Volk (Jes 11,11–12; Mi 2,12f; Ez 11,17–19), kümmert sich wie der Hirt besonders um Schwache und Ausgegrenzte (Ez 34 u. a.), lädt alle zum Festmahl (Jes 25,6–8), vergibt Schuld ohne blutigen Sühnopfer-Kult (Micha 6,6–8 und 7,18–19). Und Jesus verhält sich entsprechend als der von Deuterojesaja verheißene

»Freudenbote«, der »den Elenden gute/frohe Botschaft bringt«, der »heilt«, »befreit« und »zu Zion spricht: Dein Gott ward König« (Jes 52,7–10; 61,1f[39]).

Nach dem jüdischen Historiker David Flusser ist Jesus »der einzige uns bekannte antike Jude, der nicht nur verkündet hat, dass man am Rande der Endzeit steht, sondern gleichzeitig, dass die neue Zeit des Heils schon begonnen hat«[40]. Gottes Herrschaft und Reich fängt jetzt schon da und dort an.

Vom Täufer hat Jesus auch jetzt noch voller Bewunderung und Hochachtung gesprochen und nie gegen ihn polemisiert: der Täufer ist ihm »mehr als ein Prophet«. »Ich sage euch: Unter den von Frauen Geborenen ist ein größerer als Johannes nicht aufgetreten. Doch der Kleinste in der Königsherrschaft Gottes ist größer als er« (Lk 7,26.28 par Mt 11,11.13). Damit zieht Jesus eine scharfe *Zäsur* zwischen dem Täufer (samt allen vorhergehenden Propheten) und der von ihm selbst ausgerufenen Gottesherrschaft bzw. allen, die sich auf diese einlassen: »Selig die Augen, die sehen, was ihr seht … Denn ich sage euch: Viele Propheten und Könige wünschten zu sehen, was ihr seht, und sahen es nicht, und zu hören, was ihr hört, und hörten es nicht« (Lk 10,23fparMt). Was für ein Zäsur- und Sendungsbewusstsein!

Exkurs: Jesu Verhältnis zu den Gruppierungen seines Volkes

Jesus ist Jude und ist es bis zuletzt geblieben. Er gehörte keiner der religiös-politischen Parteiungen (Sadduzäer, Pharisäer, Zeloten, Qumran-Essener) und auch keinem esoterischen (etwa apokalyptischen) Zirkel an. Er wählte das Leben außerhalb der Parteiungen, aber innerhalb der jüdischen Gesellschaft, um alle gleichermaßen ansprechen zu können. Dennoch lagen ihm manche Einstellungen näher, zu anderen ging er auf Distanz. Auf Distanz ging er zu den höchsten Machtträgern, die kein Klima des Vertrauens, der Freiheit und der Erwartung Gottes herstellten: sein galiläischer Landesfürst Herodes Antipas, der römische Statthalter Pilatus, die Oberpriester und die *Sadduzäer* (politisch einflussreichste Partei aus Grundbesitz- und Priesteradel, am Tempel orientiert, mit Rom sich arrangierend), sie alle bekamen ihn erst am Ende, als Angeklagten, zu Gesicht. Vielfältige Beziehungen knüpfte Jesus hingegen zum einfachen Volk, das weithin ausgebeutet und verarmt war; zumal den Untersten und Ausgebeuteten galt seine Solidarität. Aber er war kein politischer Revolutionär wie die *Zeloten* (eine religiös-militante Aufstandsbewegung gegen die Römerherrschaft); anders als sie propagierte Jesus Entfeindungsliebe, lehnte Gewalt ab und konnte sagen (Mk 12,17parr): »Gebt dem Kaiser, was des Kaisers ist (den Steuergroschen), und Gott, was Gottes ist (euch selbst)«.[41] Die wichtigsten kritischen Gesprächspartner Jesu waren die *Pharisäer*, eine Bewegung von Laien, welche ernsthaft den Alltag heiligen wollten, deswegen die Tora, auch die rituellen Reinheits- und die Sabbatgebote, minutiös zu befolgen suchten und sich von allen Unreinen abgrenzten: sie kritisieren sein Verhalten, er widerspricht ihrer Auslegung der Tora (vgl. z. B. Mk 2,23–28parr; 7,1–13.15 parMt), die aber auch unter ihnen strittig war (etwa zwischen den Schulhäuptern Schammai und Hillel). An der Tora hält Jesus fest, er macht freilich die menschenfreundliche Güte Gottes zum Maßstab ihrer Auslegung (z. B. Mk 2,27: »Der Sabbat ist um des Menschen willen geschaffen, nicht der Mensch um des Sabbats willen«[42]). Später, in den Evangelien, erscheinen die Pharisäer als die Gegner Jesu schlechthin, doch das spiegelt die Polemik wider, die nach 70 zwischen der judenchristlichen Gemeinde und dem nun pharisäisch-rabbinischen Judentum entbrannte. In der gesamten Passionsgeschichte werden die Pharisäer kein einziges Mal erwähnt, anders als die Sadduzäer; ja der (pharisäische) Ratsherr Josef von Arimathäa war vielleicht Sympathisant Jesu.

4. Blicke auf Grundzüge des Wirkens Jesu

Zurück zu Jesu Grunderfahrung: Gott, der heilige Urgrund der Wirklichkeit, sei Güte, und diese Güte gilt *allen*, voran den Bedürftigen, Nichtbeachteten, Ausgegrenzten. Deswegen stellt Jesus sich ganz in den Dienst dieser Güte, die zu allen kommen will, lässt sie in sein Leben herein, gibt sie an andere weiter und wirbt darum, in die Bewegung dieser Güte zu allen einzutreten. Davon spricht er vor allem in wunderbaren Gleichnissen: vom verlorenen Sohn und barmherzigen Vater, vom barmherzigen Samariter, von den Lang- und Kurzarbeitern im Weinberg, usw. (Lk 15parMt 18,12–14; Lk 10,25–37; Mt 20,1–15; u. a.). Jesus ist »ein Gleichnisredner ersten Ranges«, »ein Meister der Gleichnisrede«.[43]

Doch anders als Buddha, Epikur, Jesaja, der Täufer oder Muhammad lehrt Jesus nicht nur, wie die Menschen leben *sollen*, er heilt und gibt ihnen neue Lebensmöglichkeiten. Er *redet* nicht nur von Gottes Güte, er lässt sie auch für andere *geschehen*. Denken Sie nur daran, wie er mit Aussätzigen umgeht (Mk 1,40–44parr), mit dem reichen Zacchäus (Lk 19,1–10), mit der blutflüssigen Frau (Mk 5,25–34parr), mit der syro-phönizischen

Frau (Mk 7,24–30parMt), mit dem heidnischen Hauptmann (Mt 8,5–10parLk), mit der Ehebrecherin und ihren selbstgerechten Richtern (Joh 8,1–11), usw. Und er sagt, so das *Zentral- und Programmwort* seiner Botschaft: Wo solches geschieht, da beginnt »die *Herrschaft Gottes*« schon hier und jetzt »mitten unter euch« (Lk 17,21; vgl. Lk 11,20parMt 12,28; Lk 10,23f parMt 13,16f; sowie Mk 1,15parr); schon hier und jetzt gewinnt sie Raum, die Herrschaft der *Güte* Gottes, das Reich *Gottes* (nicht ein Reich der Herren der Welt). Wo immer solches geschieht, da bricht sich Gott Bahn.

Die Hörer Jesu waren mit dem Gedanken *Gottes (Königs-)Herrschaft und Reich* vertraut, füllten ihn allerdings mit recht unterschiedlichen Inhalten. Früh schon gilt Jahwe, der Schöpfer, als der schon *gegenwärtig universale Herr* (Jes 6,1–3; Jahwe-König-Psalmen 47; 93; 96–99). Aber da er längst nicht überall als solcher anerkannt wird, wird in der Zeit nach dem babylonischen Exil die *Zukunfts-Hoffnung* auf das volle Herr-werden Gottes und des Gottesrechts stark (z. B. Jes 45,23 u. a.). Gottes Herr-werden/-sein ist gerade *herrschafts-kritisch* (vgl. Lev 25!): das Ideal einer gerechten, egalitären, friedvollen Gesellschaft und Welt, in der vor allem den Hilf- und Rechtlosen Recht zuteilwird (Ps 72; Jes 9; 11) und statt Brutalität und Instrumentalität wahre Humanität herrscht (so Dan 7). Seit dem 2. Jahrhundert vC gewinnt diese Reich-Gottes-Hoffnung verstärkt *national-politische* Züge: Befreiung von syrischer und dann römischer Fremdherrschaft, Heil und Herrschaft des Volkes auf Erden (PsSal 17,5,18f; Weish 3,8; TgSach 14,9; TgOb 21), Gericht über Sünder und Rache an den Heiden (PsSal 17,23–31; 1QM 6,6; TestDan 10,10ff; äthHen 47,7ff); aber es gibt auch *universalistische* Ideen von Gottes Herrschaft

(Sib 3,767 – gemäß Jes 2,2ff). Breite jüdische Bevölkerungskreise bitten Gott um Aufrichtung seiner zukünftigen Königsherrschaft in der realen Geschichte (18-Bitten-Gebet 11: »Bringe wieder unsere Richter wie vordem und sei König über uns, du allein«; Kaddisch-Gebet: »Erhoben und geheiligt werde sein großer Name in der Welt, ... sein Reich erstehe dem ganzen Haus Israel in Eile und Bälde«). Teilweise denkt man, menschliche Aktivitäten könnten die Gottesherrschaft herbeiführen: strenges Einhalten der Tora (so gewisse pharisäische Kreise), bewaffneter Aufstand gegen heidnische Fremdherren (so 6 nC Judas der Galiläer und die Zeloten). Also ganz unterschiedliche Vorstellungen bei Jesu Volksgenossen.

Nun macht Jesus, was keiner vor ihm getan hatte, das Substantiv Gottesherrschaft/Gottesreich zum Zentral- und Leitwort seines ganzen Auftretens (es begegnet mehr als 80-mal in der synoptischen Jesusüberlieferung, vor und außerhalb von dieser dagegen sehr selten). *Gott und seine Herrschaft: das ist Jesu Thema.* Und sie hat einen klaren Inhalt: Es geht um die Herrschaft der *unbedingt allen geltenden Güte* Gottes; diese ist reine Gnade, nur weil sie reine Gnade, also voraussetzungslos ist, kann sie allen gelten. Gottes Herrschaft hat eine futurische Dimension (sie steht noch aus, man muss um ihr Kommen bitten: Lk 11,2parMt), sie ist aber auch schon präsentisch im Kommen, ja angebrochen und bruchstückhaft da, wo solches Heil-werden, Zusammenführen, Hingabe an andere geschieht, wie es mit Jesus und seinem Jüngerkreis erlebt werden konnte.

Jesus ist nicht nur ein Prophet und Lehrer des Worts, er ist auch ein *charismatischer Heiler* mit einer außergewöhnlichen

Heilungsgabe. Von keinem andern antiken Wundertäter (Pythagoras, Apollonius von Tyana +120 nC, dem Samaritaner Simon Magus, Choni dem Kreiszieher vor 63 vC, Chanina ben Dosa um 70 nC) werden so viele »Wunder« erzählt wie von Jesus. Die Evangelien verwenden freilich nicht damalige Ausdrücke für Wunder, sondern sprechen vom »Heilen« Jesu, von »Krafttaten« (dynámeis) und »Zeichen« (semeía), in denen Gottes Kraft heilend am Werk ist.

Exkurs: Jesu Heilungen[44]

Drei Textgruppen sind zu unterscheiden: (1) Sammelberichte, in denen die Evangelisten ihr eigenes Bild von Jesus formulieren; (2) Wundererzählungen, die oft in mündlicher Tradition wurzeln, aber Jesus eben oft in »volkstümlicher Verschiebung«[45] wahrnehmen und das Wunderbare zunehmend steigern; (3) zahlreiche Logien von Jesu Tätigkeit als Heiler, zum großen Teil echte Jesus-Worte (in Q, Mk, Lk-Sondergut).

Bei den Wunder-*Erzählungen* (nicht bei den Jesus-*Worten*) kam es im Tradierungsprozess, um Gottes Wirken in Jesus möglichst groß zu machen, zu Steigerung und symbolhafter Ausgestaltung (von alttestamentlichen oder griechischen Vorbildern her): wunderbare Speisung von 5000 (mehr als bei Elischa nach 2 Kön 4–6), Wandlung von Wasser in Wein (Joh 2, mehr noch als beim griechischen Weingott Dionysos[46]), Seewandel, Sturmstillung, Totenerweckung. Die Steigerung wächst von Jahrzehnt zu Jahrzehnt: bei Mk (um 70) ist die Tochter des Jairus sterbenskrank, bei Lk (um 85) wird der Jüngling von Naim schon zu Grabe getragen, bei Joh (um 100) ist Lazarus schon 4 Tage tot und riecht schon; nach Joh 11,47 will das jedoch ein »Zeichen«

sein, das die Aussage »ich bin die Auferstehung und das Leben, wer an mich glaubt, wird leben, auch wenn er stirbt« symbolisieren soll, welche Joh 11,25 Jesus in den Mund legt.

Was ist historisch? Geht man hinter diese erzählerische Ausgestaltung zurück zu den Logien, so stößt man auf einen historisch gesicherten Stock von Heilungstaten Jesu. Auch der kritischen Forschung gelten *Krankenheilungen und Exorzismen* Jesu als gesichert. Argumente für ihre Historizität sind unter anderem: (1) Sabbatheilungen erregten Anstoß und brachten ihm Konflikte ein; und sind zudem mehrfach bezeugt. (2) Manche Kurzberichte erweisen sich durch in Erinnerung gebliebene Einzelangaben als ursprünglich (z. B. Orts- und Personennamen: fieberkranke Schwiegermutter des Petrus, sterbenskranke Tochter des Jaïrus, blinder Bartimäus vor Jericho; aramäische Worte wie talítha kum = Mädchen steh auf; éphata = öffne dich; das griechisch verfasste älteste MkEv hält den aramäischen Originalton Jesu fest). (3) Auch Jesu Gegner bestreiten nicht seine Dämonenbannungen, deuten sie nur anders (er stehe im Bund mit Beelzebul, dem obersten der Dämonen), als Jesus es tut (er wirke »mit dem Finger Gottes«); außerdem drängt die Tradition (von Mk über Mt und Lk bis zu Joh) Exorzismen immer mehr als Belastung zurück, ein Indiz dafür, dass sie da waren.

Anders als der Täufer und als der (in den Psalmen Salomos 17f) erhoffte Messias hat Jesus in erheblichem Umfang Heilungen vollbracht, die seine Zeitgenossen in Erstaunen setzten (vgl. Mk 5,42 und öfters).

***

Jesus heilt Kranke *und* er heilt *Besessene* (Lk 11,15–20 par Mt 12,25–28; Mk 3,22–24): im Volksglauben galt vieles als Besessen-Sein von Dämonen, unerklärliche Krankheiten wie

Epilepsie, psychische Störungen, aber auch Süchte (wie Jähzorn, Trunksucht, Hurerei, Zerstörungswut), all das, wo Menschen keine Kontrolle mehr über sich haben und wie von einer anderen Macht besessen sind. Es gab Exorzisten, die mit Beschwörungen, Zaubersprüchen, Amuletten, Wundermitteln (wie scharf riechenden Wurzeln) zu helfen suchten.

Anders Jesus: keine magischen Praktiken, vielmehr geht die Heilung aus von seiner einfühlsamen personalen Zuwendung[47] (Mk 7,33: er nimmt den Taubstummen vom Volk weg beiseite, berührt ihn), von seiner Berührung, Handauflegung und seinem Zuspruch, – wenn man für ihn offen ist und ihm vertraut. Immer wieder heißt es: »dein Glaube/Vertrauen hat dich geheilt« (Mk 5,34; 10,52 u. ö.); »alles ist möglich dem, der glaubt/vertraut« (Mk 9,23). Denn wer ihm vertraut, gibt Gott Raum, lässt Gott kommen und zur Wirkung kommen. Vertrauen ist Voraussetzung, ohne dieses kann Jesus keine Krafttat wirken (Mk 6,5f). Von Legitimations- und Schauwundern, die erst zum Glauben an ihn führen sollen, findet sich keine Spur in der Jesusüberlieferung.

Jesus nimmt die Nöte der Leute ernst, führt sie aber nicht auf eine satanische Macht zurück.[48] Seine Gegner, Autoritäten und Tonangebende in den Dörfern, bestreiten zwar nicht seine Heilungstaten, aber sie werfen ihm vor, dass er selbst von einer dämonischen Macht besessen sei: »Mit Beelzebul, dem Herrscher der Dämonen, wirft er die Dämonen hinaus«. Jesus verteidigt sich zunächst mit einer Gegenfrage: »Wenn ich mit Beelzebul die Dämonen hinauswerfe, mit wem werfen dann eure Söhne die Dämonen hinaus?« Und dann sagt er im Klartext: »Wenn ich aber mit dem Finger (der Kraft) Gottes die Dämonen austreibe, so ist das Reich Gottes bereits zu euch gekommen« (Lk 11,15.19–20parMt 12,24.27–28; vgl. Mk 3,22ff). Aus Jesus spricht die Gewissheit von Gott verliehener Kraft! Aber kein exklusiver Anspruch: auch andere, sagt er, treiben Dämonen aus, und auch seine Jünger sollen es tun (Mk 3,15parr).

Doch nicht nur Heilungssuchende umscharen ihn. Er hat *Jünger*, die von ihm, seinem Wirken, seiner Botschaft, so beeindruckt sind, dass sie alles (Eltern, Beruf) loslassen und ihm nachfolgen[49], seinen Lebensstil teilen, auf den Wanderungen durch die Dörfer mit ihm ziehen (ohne Vorratstasche und Geld: Mk 6,8ff; Lk 10,4parMt 10,9f). Aus ihnen wählt er – als Symbol für seine Sendung an ganz Israel – einen *Zwölferkreis*, darunter Simon, dem er den Beinamen Kephas (= Fels, Petrus) gibt, oder die Zebedäus-Söhne Jakobus und Johannes, die er auch Donnersöhne nennt (Mk 3,13–19; vgl. 5,37). Und er hat einen *weiteren Anhängerkreis* von Mitziehenden, junge Männer und Frauen. Und im Volk hat er *Sympathisanten*, die nicht mitwandern, sondern zu Hause bleiben, ihn oder seine Jünger in ihre Häuser aufnehmen (Mk 2,1f; 3,20f.31–35), zum Mahl einladen (wie der Zöllner Levi: Mk 2,14f), oder sie versorgen mit dem »Brot für morgen« (so die Vaterunser-Bitte Lk 11,3parMt 6,11 ursprünglich), oder die vielleicht auch nur gelegentlich helfen, und sei es mit »einem Becher Wasser« (Mk 9,41). Also: Viele sind von Jesus und seiner Botschaft berührt, ergriffen, auf unterschiedliche Weise, in unterschiedlicher Intensität, mit unterschiedlichen Konsequenzen in ihrem Leben. Nicht: du gehörst dazu und du nicht; sondern: Glauben und Nachfolgen gibt es in verschiedenen Graden.

Jesus sendet auch seine Jünger aus, das Evangelium zu verkündigen und zu heilen, *heilsam* zu wirken und so andere darauf hinzuweisen, was vor ihren Augen geschieht: Gott(es Güte) beginnt zu herrschen (vgl. Mt 10,7–8/Lk 9,1–2; Mk 3,15; 6,7.12). Gottes Herrschaft und Reich beginnt im Kleinen (klein wie ein Senfkorn Mk 4,31f.parr), wächst (wie die wachsende Saat im Gleichnis Mk 4,26–29) und durchdringt, wenn Menschen mitspielen, die Umgebung (ähnlich wie das Salz die Speise, das Licht die Dunkelheit, der Sauerteig das Mehl durchdringt: Mt 5,13–16; 13,33par).

Jesus war also ein begnadeter Heiler. *Und* er war ein *Revolutionär*, ein Revolutionär freilich nicht der Gewalt, sondern *der Gewaltlosigkeit und Liebe.* Er hält sich nicht an geltende Gewohnheiten, Bräuche, Gebote *dort, wo* sie Menschen diskriminierten, ausgrenzten, unterdrückten. Vielmehr spricht und *isst* er mit den *Aus*gegrenzten, den *Un*erwünschten, den *Un*reinen, mit Dirnen, Zöllnern, Sündern, in deren Kreis ein Korrekter, ein »Gerechter nicht sitzt« (wie Psalm 1 sagt), und damit erregt er Ärgernis, wird selbst zum Störenfried und Outsider.[50] Viele stehen dem aus Familie, Beruf, Dorfgemeinschaft ausgebrochenen Aussteiger skeptisch bis ablehnend gegenüber; auch seine eigene Familie (Mk 3,20f). Viele wüten und *hetzen* gegen ihn: »Seht, ein Schlemmer und Zecher, Freund mit Zöllnern und Sündern« (Lk 7,33–34parMt 11,18–19; vgl. Mk 2,15–17; Lk 15,1f).

Die Mahlgemeinschaften Jesu waren im kleinen Rahmen eine *Erschütterung der herrschenden Ordnungs- und Machtverhältnisse.* Sogar seine eigene Familie versteht ihn nicht mehr, sagt »er ist von Sinnen« und will ihn aus dem Verkehr ziehen, wieder nach Hause holen (Mk 3,20f[51]); doch er sagt: »Wer den Willen Gottes tut, der ist für mich Bruder und Schwester und Mutter« (Mk 3,31–35parr; die *Vater*rolle in dieser neuen Familie bleibt unbesetzt, die gehört Gott).[52]

Ihm geht es um eine für alle offene Familie Gottes, die sich an Gottes gutem Willen für alle orientiert, in der deshalb *nicht mehr gilt* Über-andere-herrschen, sondern Anderen-dienen

(Mk 10,42–45; 9,35; Mt 18,4; 23,11), und wo die Kleinen, die *Kinder* (die damals nichts zählten[53]) und die *Geringsten,* das Leitbild sind (Mk 9,36.41f; Mt 25,40), nicht die Großen.

So bricht Jesus auch mit der antiken Männerdominanz, lebt ein befreiendes Verhältnis zu den Frauen, nimmt – damals ungewöhnlich – auch Frauen in seine Gefolgschaft auf (vgl. Mk 15,40f; Lk 8,1–3). Noch in der Urkirche gab es deshalb auch Gemeindeleiterinnen wie Lydia, Phöbe, Junia, Nymphä u. a. (vgl. Röm 16,3f.17; Kol 4,15), erst in den folgenden Generationen ging's zurück zum antiken Patriarchat.[54]

Nebenbei: Jesus zeigt auch eine große Offenheit gegenüber Menschen aus *anderen Völkern und Religionen.* Der syro-phönizischen Frau, deren Tochter er heilt, oder dem römischen Hauptmann, dessen Knecht er heilt, sagt er nicht: so, jetzt folge mir nach (werde Jude oder Christ), sondern er sagt: »nicht einmal in Israel habe ich einen so großen Glauben gefunden« (Lk 7,3–9parMt 8,5–12; vgl. Lk 4,25–27par). Und er sagt (mit Jes 2,2ff; 49,6ff): »Viele werden von Osten und Westen kommen und mit Abraham, Isaak und Jakob im Gottesreich zu Tisch sitzen« (Lk 13,29parMt 8,11).

Weil er Gott als letzte, für alle entschiedene Güte erfährt, deshalb *verknüpft* Jesus – ähnlich wie der pharisäische Tora-Ausleger Hillel – die Hinwendung zu *Gott,* die Gottesliebe, engstens mit der Nächstenliebe und der Selbstliebe (Mk 12,30–33parr; vgl. 1 Joh 3f). Er bindet also zwei in der hebräischen Bibel in verschiedenen Büchern stehende Gebote (Dtn 6,4: »du sollst den Herrn, deinen Gott, lieben«, und Lev 19,18: »du sollst deinen Nächsten lieben wie dich selbst«) zu einem einzigen zusammen. Beides gehört engstens zusammen. Es gibt kein kurzgeschlossenes Verhältnis zu Gott, das sich um den andern nebendran nicht kümmert. (Das wird später auch der 1. Johannesbrief 4,20f entschieden festhalten: »Wenn jemand sagt: Ich liebe Gott, aber seinen Bruder hasst, ist er ein Lügner. Denn wer seinen Bruder nicht liebt, den er sieht, kann Gott nicht lieben, den er nicht sieht.«)

> Übrigens: Das griechische Wort, das da für »lieben« steht, aga-peín, und entsprechend Agápe=Liebe (das Wort, das dann Paulus und das JohEv bevorzugen, Jesus selber hatte von »Güte« und »Erbarmen« gesprochen), hat *nichts mit Gefühl, Sympathie, Hingezogensein* zu tun, anders als die erotische Liebe (griech. Eros) oder die Freundesliebe (griech. Philía) oder die Liebe in der Familie (griech. Storgé). Agápe meint Bejahung des Andern *als Person* (nicht Bejahung von allem, was er sagt und tut); Agápe meint Dem-Andern-*gut*-wollen, auch wenn man nichts von ihm hat, er einem sogar unsympathisch und zuwider ist.

Konsequenterweise entschränkt Jesus die Nächstenliebe bis zur Feindesliebe (Lk 6,27–36/Mt 5,39–48), besser zur *Ent*feindungsliebe, die es nicht einfach bei der Feindschaft belässt, sondern an ihrer Überwindung arbeitet. »Vergeltet nicht Böses mit Bösem, sondern überwinde das Böse *durch das Gute*« (wird dann Paulus sagen: Röm 12,14–21).

Gewalt lehnt Jesus ab. Aber er propagiert auch nicht einfach das *passive Hin*nehmen von Gewalt (so verstanden wäre das »Hinhalten der anderen Backe« in der Bergpredigt Mt 5,39par ein gefährliches Wort in einer Welt voller Aggressionen); sondern er propagiert die *positive Unterbrechung der Vergeltungs- und Gewaltmechanik* (schlag nicht zurück[55], steig aus dem Vergeltungsmechanismus aus!), er propagiert die *positive Vor*gabe, um etwas Positives in die Beziehungen hineinzubringen. Denken

Sie nur, wie er die goldene Regel verändert. Wir kennen sie ja so: »Was du nicht willst, dass man dir tu', das füg' auch keinem andern zu« (dann könnte einer sagen: »ich tu doch niemand was Böses« – aber halt auch nichts Gutes). Jesus wendet die Goldene Regel ins Positive: »Was ihr wollt, dass *euch* die Menschen tun, das tut zuerst *ihnen*« (Lk 6,31/Mt 7,12) – der positive Schritt auf die anderen zu, selbst wenn nichts zurückkommt. Tut nicht nur denen Gutes, die euch Gutes tun – denn *Gott* ist gütig zu *allen, auch* zu den »Undankbaren und Bösen«! (Lk 6,27–36)

Was für Zumutungen! Und was für hoffnungsvolle Perspektiven! »Dein Reich komme« (lässt Jesus im Vater-Gebet bitten: Lk 11,3parMt 6,10).

5. *Gründe der Verurteilung und Kreuzigung*

Um 27/28 war Jesus öffentlich aufgetreten. Zwei-drei Jahre später hängt er am Kreuz, hingerichtet, gefoltert und gekreuzigt, von römischen Soldaten. Am *Vor*tag des Passahfestes[56], also am Freitag 14. Nisan (= 7. April) des Jahres 30, auf dem Golgotha-Hügel, draußen vor den Toren Jerusalems, zu der Zeit, als drinnen im Tempelvorhof die Passahlämmer für das bevorstehende Passahmahl geschlachtet wurden.[57]

Warum wurde Jesus umgebracht, beseitigt? Allgemein gesprochen und über die damalige Situation hinausgehend, könnte man sagen: Er wurde beseitigt, weil er im Namen Gottes eintrat für radikale Güte, Barmherzigkeit, für radikale Menschlichkeit – in einer Welt und Gesellschaft, die gerade dem beständig widersprechen. Es war riskant, mit Wort *und Tat* Güte *für alle* zu propagieren, auch für die Erniedrigten und Ausgegrenzten; das konnte (und kann) denen nicht passen, die von der Erniedrigung und Ausgrenzung anderer leben oder doch profitieren. Jesus wirkte als schlechthin gut, hatte Ernst Bloch gesagt. Mit allem, was er lehrte und tat, bildete (und bildet) er eine fortgesetzte Provokation, die entweder die spontane Antwort von Vertrauen und Liebe hervorruft oder aber Abwehr, Hass und Aggression auf sich lenkt. In einem anderen Volk wäre es ihm nicht viel anders ergangen.[58]

Doch was hat damals konkret zu seiner Verhaftung, Verurteilung und Hinrichtung geführt? Jesus hatte ja nicht Tora und Tempel das Existenzrecht abgestritten, sondern deren damaliges Verständnis und die übliche Praxis kritisiert. Seine Botschaft von Gott, dessen Güte grenzenlos *allen* gilt, der *jede/n* zuvorkommend annehmen will und der vergibt, *ohne* zuvor eine Bußleistung oder ein sühnendes Tier-Opfer im Tempel zu verlangen, das war denen, die vom Tempelbetrieb lebten, unerträglich. Mit dieser Botschaft von Gott und seinem entsprechenden Verhalten geriet Jesus in Gegensatz zu maßgeblichen Kreisen seines Volkes. Seine Gemeinschaft mit Unerwünschten und seine Missachtung geltender Reinheits- und Sabbatvorschriften wirkten anstößig. Doch war solche Praxis jüdisch gesehen ja keineswegs todeswürdig. Der entscheidende Anstoß lag also nicht in diesem Handeln an sich (auch andere hielten sich nicht an Reinheitsbestimmungen usw.). Der entscheidende Anstoß lag in dem damit verknüpften *Anspruch*, im Namen und an Stelle Gottes so zu handeln, also den Gotteswillen authentisch auszulegen (vgl. Jesu Kritik an allen, die inhumane Regelungen lehren und befolgen, und ihr Herz ist weit weg von Gott: Mk 7,1–23). Damit geriet Jesus in Gegensatz zur geltenden Doktrin und ihren Hütern.

Der Konflikt spitzte sich zu, als Jesus von Galiläa zum Passahfest nach Jerusalem kam[59], vielleicht in der Erwartung, er könne die dortige Gesellschaft und die Zentrale seines Volkes von seinem Gottesbild überzeugen. In Jerusalem bekam er nun direkt mit den dort dominierenden Sadduzäern zu tun (also mit der Partei der Oberschicht aus Großgrundbesitz- und Priesteradel, die mit der Besatzungsmacht kooperierte). Dem sadduzäischen Adel war Jesu Wirken höchst suspekt; er ist von nun an der eigentliche Gegner Jesu, während die im Volk angesehenen Pharisäer in der frühen Passionsgeschichte kein einziges Mal vorkommen.

In Jerusalem drehte sich fast alles um den Tempel (der zugleich das Schatzhaus, die Bank war).[60] Die Leitungsaufgaben in der Stadt teilte sich eine Oberschicht von wenigen Familien. An der Spitze stand der Hohepriester: er war Leiter des Tempelkults[61] und zugleich Präsident des Hohen Rats (des Sanhedrin mit 71 Mitgliedern), also religiös-politisches Oberhaupt der Juden. Er wurde vom römischen Statthalter eingesetzt (der rechts vom Tempel in der Burg Antonia residierte). Vom Hohenpriester wurde erwartet, dass er mit der Besatzungs-Macht zusammenarbeitete; tat er dies nicht, wurde er formlos abgesetzt, viele schon nach einem Jahr, lange halten konnten sich nur Hannas (6–15 n. Chr.) und sein Schwiegersohn Kajaphas (18–36 n. Chr.), weil sie taktisch klug mit den Römern kooperierten.

Es war die Pflicht des Hohenpriesters und seiner Behörde, die von den Römern eingesetzte und kontrollierte tempelstaatliche Ordnung in Jerusalem aufrechtzuerhalten und das jüdische Volk vor möglichen Maßnahmen der Römer zu schützen. Gerade am Passahfest, wo oft eine eschatologisch erregte Stimmung herrschte, weshalb die römischen Statthalter mit Aufruhr im Tempelareal rechneten und Vorsorge trafen[62], war Vorsicht geboten. Nun hatte Jesus prophetisch ein Wort gegen den Tempel gesprochen (seine Zerstörung prophezeit, einen neuen verheißen).[63] Ein Wort gegen den Tempel aber galt in der jüdischen Tradition (spätestens seit Jer 26) als todeswürdiges Verbrechen, es traf das sadduzäische Tempelsystem ins Herz; und es konnte zugleich als Aufruhr gegen die mühsam mit Rom austarierte tempelstaatliche Ordnung gelten, auch wenn Jesus wohl etwas anderes intendierte (Mk 12,17: »Gebt Gott, was Gottes ist«, also euer Herz, nicht die vielen äußeren Opfergaben[64]). *Kajaphas jedenfalls sah in Jesus einen Unruhestifter und eine politische Gefahr.* »Er tat wohl, was ein Mann in seiner Stellung zu tun hatte«, so urteilt der jüdische Historiker Géza Vermes.[65] Der nüchterne Macht- und Realpolitiker Kajaphas und die maßgebenden Leute des Hohen Rats (Tempeloberst, Tempelaufseher, Schatzmeister usw.) wollten durch kein Risiko den fragilen Status quo gefährden. Dieser Kreis verschwor sich gegen Jesus und beschloss, ihn zu beseitigen.

Doch Todesurteile standen allein dem römischen Statthalter zu (nur für eine synagogale Strafe wie Auspeitschung bedurfte man seiner nicht). Also mussten die Ankläger sich eine Anklage überlegen, die vor Pilatus Bestand haben konnte. Für Pilatus zählten nicht innerjüdische Händel, was für ihn zählte, war der politische Aufruhr gegen die römische Herrschaft. Nun war aber Jesus, wie wir sahen, ganz sicher kein den Zeloten vergleichbarer antirömischer Aufständischer. Doch sein Zentral- und Programmwort war die »Gottesherrschaft«, und zu der reichen Tradition dieses Stichwortes gehörte als *Endzeithoffnung* die Alleinherrschaft Gottes und das Gericht über alle bisherige Herrschaft. Damit ließ sich leicht eine Ablösung der jetzt geltenden römischen Herrschaft verbinden, ohne dass ein einziges antirömisches Wort von Jesu Seite hätte fallen müssen. Die Vollendung, die Jesus vor Augen hatte, »ignorierte stillschweigend Roms jetzige Weltherrschaftsansprüche. Das war ohne weiteres als fehlende Subordination unter den Kaiser und, in die politische Sprache übersetzt, als Rebellion gegen Rom auszulegen. Man kann sich also gut ausmalen, wie der sadduzäische Adel ... so die Jesusbotschaft auf den politischen Punkt bringen konnte.«[66]

Und das reichte für die maßgebenden Mitglieder des Hohen Rats aus, um Jesus vor dem Gericht des römischen Statthalters Pilatus wegen Aufruhr anzuklagen.[67] Bei Aufruhr aber gab es für den Römer Pilatus kein langes Fackeln: Er war es, der Jesus als Aufrührer zum Tod am Kreuz verurteilte.

Zwei Zusatzbemerkungen:

Dass Jesus vom römischen Statthalter Pilatus als Aufrührer zum Kreuzestod verurteilt worden war, wurde später den Christen im römischen Reich zunehmend zur Gefahr; deshalb versuchten die Evangelisten immer mehr den – nach damaligen Zeugnissen brutalen – Pilatus zu entlasten, indem sie z. B. Pilatus Jesu Unschuld bezeugen ließen.

Die heute vorliegende Passionsgeschichte spricht von einem Verhör Jesu vor dem Hohenpriester, in dem ein tempelkritisches Wort Jesu und die Messiasfrage eine Rolle spielen. Nun muss man freilich bedenken, dass niemand in der Urgemeinde Kenntnis aus dem Verhör hatte, dass also unbekannt ist, was dort gesagt worden ist. Erst in der späteren Darstellung Mk 14,61–64 (wo das *nach*österliche Bekenntnis zum Menschensohn und Messias *Jesus* in den Mund gelegt wird) ist die Messiasfrage zum Angelpunkt der Verurteilung Jesu geworden. Das ist sicher nicht historisch, denn messianische Ansprüche waren ja vom jüdischen Standpunkt aus überhaupt kein todeswürdiges Vergehen.[68]

In der Passionserzählung heißt es zweimal lapidar: »Und sie kreuzigten ihn« (Mk 15,24 und 25). Was das bedeutet, war jedem, der unter römischer Herrschaft leben musste, aus eigener Erfahrung oder aus Berichten zur Genüge bekannt. Josephus nennt die Kreuzigung die erbärmlichste aller Todesarten (Bell 7,203). Es begann mit der Geißelung, die schon bis auf die Knochen zerfleischen konnte[69], sodass Jesus den Kreuz-Querbalken nicht mehr bis zur Hinrichtungsstätte zu schleppen vermochte und die Soldaten den vom Feld kommenden Simon von Kyrene (Mk 15,21: »den Vater von Alexander und Rufus«, die nach Ostern zur christlichen Gemeinde gehörten) zwangsrekrutierten, um ihm den Balken zu tragen. Jesus wurde auf dem Golgotha-Hügel gekreuzigt, und zwar – wie die Schuldtafel mit der Verbrechensangabe »König der Juden« (Mk 15,26) und die Kreuzigung zwischen zwei Aufrührern (Mk 15,27) zeigen – wegen angeblichem politischen Messias-Anspruch oder (für Römer verständlicher) wegen Königs-Anspruch und Aufruhr gegen die römische Herrschaft.[70]

Die römischen Hinrichtungskommandos kannten verschiedene Formen der Kreuzigung. Sie ergriffen, wie Seneca und Josephus bestätigen, gern die Gelegenheit, um ihren Sadismus zu befriedigen, und kreuzigten nach Lust und Laune in den verschiedensten Körperlagen. Sie hatten auch Methoden, um den Tod hinauszuzögern und die Todesqualen zu verlängern: dazu gab man dem Hingerichteten einen Sitzpflock als Stütze. An diesem Freitag freilich standen die Römer wegen des unmittelbar bevorstehenden Passahfestes (an dem, wie gesagt, oft eschatologisch aufgeladene Stimmung herrschte und es leicht zu Unruhen kommen konnte), unter Zeitdruck, sie mussten also die Prozedur und das Sterben abkürzen.

Nach dem ältesten Kreuzigungsbericht[71] wurde Jesus um die dritte Stunde (vormittags 9 Uhr) gekreuzigt und ist um die neunte Stunde (nachmittags um 15 Uhr) mit einem Gebetsschrei am Kreuz gestorben, also nur drei Stunden vor Beginn des Passahfestes (um 18 Uhr), das in diesem Jahr mit dem Sabbat zusammenfiel.

Da aber nach Dtn 21,22–23 die Leichen von gehängten Verbrechern als »von Gott verflucht« galten und das Land kultisch »verunreinigten«, durften sie »nicht über Nacht hängen bleiben«, mussten unbedingt »noch am selben Tag begraben« werden (das galt nach Josephus, Bell IV 5,2 u. a. auch zur Zeit Jesu). Die Römer haben die jüdischen Prinzipien meist respektiert. Deshalb haben sie jüdischem Ersuchen um Freigabe eines Leichnams zur Bestattung in der Regel stattgegeben. So konnte, wie Mk 15,42–46 erzählt, Josef von Arimathäa[72], angesehenes (pharisäisches) Mitglied im Hohen Rat, um das Land vor dem doppelten Festtag vom Fluch einer verunreinigenden Leiche zu befreien, es »wagen«, zu Pilatus zu gehen und ihn um Freigabe des Leichnams Jesu zu bitten. Pilatus ließ den Hauptmann rufen, ob Jesus schon tot sei, und nachdem der dies bestätigte, ließ er dem Josef den Leichnam. Da Passah unmittelbar bevorstand, musste schnell gehandelt werden. Die Erzählung von der Grablegung Jesu, welche freilich die Tendenz hat, die Würde des Begräbnisses Jesu zu betonen, lässt Josef den Leichnam Jesu vom Kreuz nehmen, ihn in schon gekaufte Leinwand hüllen und in einem Felsengrab beisetzen, das ihm gehörte. Was mit den Leichen der beiden Mitgekreuzigten geschah, bleibt unerwähnt; »vielleicht ließ Joseph auch die mit Jesus Gekreuzigten in der Grabanlage vor Beginn des hohen Festes beisetzen«[73], denn auch ihre unbestatteten Leichen hätten das Land am hohen Festtag kultisch verunreinigt.

Der jüdische Historiker *Géza Vermes* kommt – unter Berücksichtigung der jüdischen und römischen Rechtssysteme im damaligen Judäa und nach einer sorgfältigen Analyse der Passionsgeschichten der Evangelien – zu dem folgenden Ergebnis, das in der gegenwärtigen historisch-exegetischen Forschung weitgehend konsensfähig ist:

»1. Am Donnerstagabend, am Beginn des 14. Nisan, also am *Vortag* des Passahfestes, speist Jesus zusammen mit den Aposteln; wie sich später herausstellt, zum letzten Mal. Es war kein Passahmahl, noch fand die Einsetzung der Eucharistie statt.

2. Er wird von einer bewaffneten Einheit der jüdischen Tempel-Polizei festgenommen, die die Oberpriester losgeschickt hatten und die von Judas angeführt wird.

3. Er wird zum früheren Hohepriester Hannas zur Vernehmung gebracht, der ihn zum Haus des Hohepriesters Kajaphas schickt, wo man ihn über Nacht festhält.

4. Am Freitagmorgen (14. Nisan) hält der Sanhedrin eine Beratung ab und entscheidet, Jesus vor dem Gerichtshof des römischen Statthalters wegen Aufruhr anzuklagen.

5. Pilatus nimmt die Anklage wegen Aufruhr zur Kenntnis, die auf Jesu angeblichem (politischen) Anspruch gründet, der König der Juden zu sein, schlägt aber vor, den Fall im Zusammenhang mit der vermutlich üblichen Amnestie zum Passahfest zu behandeln. Die versammelte jüdische Menge hofft, die Freilassung eines anderen Gefangenen zu erreichen, und stimmt für Barrabas, der anschließend freigelassen wird.

6. Jesus wird von Pilatus zur Kreuzigung verurteilt; seine Ankläger, die Priester, verlassen an diesem Punkt den Schauplatz.

7. Als Einleitung zur Kreuzigung wird Jesus gegeißelt und muss sich dem Spott und den Misshandlungen durch die römischen Soldaten aussetzen.

8. Simon von Kyrene wird gezwungen, Jesus zu helfen, das Kreuz nach Golgotha zu tragen.

9. Jesus wird mittags am Vortag des Passahfestes (14. Nisan) gekreuzigt.

10. Man hört ihn auf aramäisch rufen »*Eloi, Eloi, lema sabachtani?*«; um 3 Uhr nachmittags am selben Tag stirbt er in Anwesenheit einer kleinen Gruppe galiläischer Frauen. Weder seine Apostel noch seine Familie sind dabei.

11. Mit Erlaubnis des Pilatus bestatten Joseph von Arimathäa oder Joseph und Nikodemus den Leichnam Jesu in einem neuen Felsengrab, kurz bevor das Passahfest und der Sabbat (Samstag, 15. Nisan) beginnen.«[74]

Der irdische Weg des Juden Jesus von Nazaret endet am Kreuz und im Grab.

6. Ein vorläufiger Blick auf die weitere Entwicklung

Seine Jünger waren entsetzt. Schon bei der Verhaftung Jesu hatten sie sich verdrückt, waren sie doch selbst in Gefahr, verhaftet zu werden. Auch Petrus, der es wagte, dem abgeführten Jesus noch bis zum Haus des früheren Hohenpriesters zu folgen, verleugnete, als er von einer Magd ertappt wurde, seine Identität und verschwand. Nun, bei der Kreuzigung und beim Begräbnis Jesu war keiner der Jünger dabei. Außer ein paar Frauen, die »von ferne zusahen« (Mk 15,40), hatten sie alle die

Szene verlassen, tauchten unter, flohen, gingen z. T. auch zurück in ihre Heimat Galiläa (vgl. Mk 14,50–52).

Dann aber, einige Zeit später, sind sie plötzlich wieder in Jerusalem, in dem für sie nicht ungefährlichen Jerusalem. Sie gründen die Urgemeinde, behaupten, Gott habe Jesus »erweckt«, habe ihn zu sich »erhöht«, Jesus »lebe« (in der Dimension Gottes), sei von Gott her verborgen gegenwärtig. Und sie rufen zu *ihm* in ihrer aramäischen Muttersprache »Marana-thá« (= unser Herr, komm)!

Es muss also etwas passiert sein, was diese Wende im Verhalten der Jünger auslöste. Und zwar nicht nur die Wende bei Petrus oder bei Maria von Magdala, sondern auch die Wende bei Jakobus, der seinen Bruder Jesus ja abgelehnt hatte und dann zur Urgemeinde stößt, und später die Wende bei dem Verfolger Paulus. Es muss etwas passiert sein, was sie zu der Überzeugung gebracht hat, Jesus, der als falscher Messias (»König der Juden«) Hingerichtete, sei von Gott als der wahre Messias bestätigt, als der Christus, d. h. »der mit dem Geist Gottes *Gesalbte*« (der vom Geist Gottes Erfüllte).

Was war da passiert, was hat diese Wende im Jüngerverhalten ausgelöst? Das ist strittig und muss uns später (im 3. und 4. Kapitel) beschäftigen. Hier nur so viel: Kurze Texte aus der frühesten Urgemeinde sagen, der Gekreuzigte sei nach seinem Tod einigen Jüngern und Jüngerinnen »erschienen« (sie hätten ihn ganz neu lebendig, gegenwärtig erfahren). Und was diese frühen Texte in knappen Worten nur andeuten (ohne alle anschauliche Ausmalung), das wird dann Jahrzehnte später breit ausgemalt und inszeniert in bunten Erscheinungserzählungen, welche wir am Ende der Evangelien finden und welche die Vorstellungen in den Köpfen prägten.

Doch diese Erscheinungserzählungen sind keine historischen Reportagen der Osterereignisse (man darf sie nicht wie Zeitungsberichte lesen), sie sind keine Berichte darüber, was im Jahre 30 genau geschehen ist, sondern sie sind spätere erzählerische Inszenierungen des ursprünglichen Osterbekenntnisses (»Jesus ist auferweckt«) und der Ostererfahrung (»er ist erschienen dem Petrus« usw.), und zwar sehr unterschiedliche Inszenierungen nach Art von Predigtgeschichten, mit denen die Evangelisten zwischen 70 und 100 Antwort zu geben versuchen auf Fragen ihrer damaligen Gemeinden, etwa auf die Frage: »Wie können wir heute dem auferstandenen, gegenwärtigen Herrn begegnen?« worauf z. B. Lukas die schöne Geschichte von den Emmausjüngern erzählt.

Wer also sagt: »da steht's doch, wortwörtlich!«, hat die Texte verkannt.[75]

Zu Anfang dieses Buches hatte ich den Atheisten Ernst Bloch zitiert, der über Jesus geschrieben hat: »Hier wirkte ein Mensch als schlechthin gut, das kam noch nicht vor.« Ernst Bloch hatte nicht weitergefragt, wie es denn überhaupt möglich sein kann, dass ein Mensch als »schlechthin gut« wirkte, was »noch nicht vorkam«. Die Grundmotivation Jesu blieb unbeachtet, sein eigentlicher Lebensgrund, aus dem heraus er so sein konnte. Die Wurzel, aus der alles kommt, ist seine ureigene Gotteserfahrung, dass Gott nicht zweideutig ist (gut und böse zugleich), so dass man vor ihm Angst haben müsste, dass der Urgrund der Wirklichkeit nicht ein finsterer, kalter Urgrund ist, dem wir egal sind, sondern ganz tiefe letzte Güte, die für alle entschieden ist, die deshalb jeden, auch ihn (Jesus) selbst, unbedingt *bejaht* und ganz er selbst sein lässt. Und dass dieser Gott *da* ist (JHWH: »Ich-bin-da«) und alle erreichen möchte.

Die vertrauensvolle Bindung an Gott machte Jesus innerlich stark, machte ihn innerlich frei von Eigensucht, machte ihn zutiefst liebesfähig und »gut«. Nur aus dieser tiefen Gottverbundenheit, Gottunmittelbarkeit lassen sich die unverwechselbaren Züge seiner Person und seines Auftretens verstehen; daraus kam alles, was er tat und sagte und war. Das ist wohl sein tiefstes Geheimnis.

Er hat sich zwar selbst nicht »Sohn Gottes« genannt, aber, was viel wichtiger ist, er hat ein inniges, vertrauensvolles Kind- oder *Sohnesverhältnis* zu Gott *gelebt* (und zu dem heiligen Gott »Abba, lieber Vater« gesagt). Und genau dieses Sohnesverhältnis Jesu zu Gott buchstabieren dann die Jünger *nach Ostern* – aufgrund der Erfahrung, dass der Gekreuzigte gegenwärtig ist und lebt – mit Hilfe der alttestamentlichen Metapher »Sohn Gottes«.

Was heißt das damals? In der hebräischen Bibel (dem sog. Alten Testament) bezeichnet »Sohn Gottes« die *enge Zugehörigkeit eines Menschen* zu Gott. So können als Söhne Gottes bezeichnet werden: das Volk Israel (weil von Gott berufen: Ex 4,22 f u. a.), der davidische König seit seiner Thronbesteigung (weil von Gott beauftragt: 2 Sam 7,14; Ps 2,7 u. a.), und schließlich der gerechte Mensch (weil er im rechten Verhältnis zu Gott lebt: Sir 4,10 u. a.).[76]

Aber, sagen Israels Propheten: Sie alle – Israel, der König, der Gerechte – sie alle realisieren das enge, rechte (Sohnes-) Verhältnis zu Gott nicht wirklich, sind »widerspenstige, abtrünnige Söhne« (so Jes 1,2–4 oder Jer 3,14).

Und nun sagt das NT: Der Mensch Jesus realisiert das wahre Verhältnis zu Gott wirklich, er ist *der Gott ganz entsprechende Mensch* (= der wahre Sohn Gottes), frei von aller Eigensucht, ganz offen für Gott und gerade *so* auch offen für die andern.

Deshalb wird der Titel Sohn Gottes im Urchristentum zunächst für Jesus allein reserviert (Röm 1,4; vgl. Mk 1,9–11; Lk 1,26–28; Mt 1,18–25). Aber dann wird bewusst: Jesus hat uns ja an seinem Gottesverhältnis teilnehmen lassen, auch andere Menschen können zu Söhnen, Töchtern, Kindern Gottes werden. So kann z. B. Paulus schreiben: »alle, die sich vom Geist Gottes leiten lassen, die sind Töchter und Söhne Gottes«; auch wir dürfen ohne Angst sagen »Abba, Vater« (Röm 8,15ff; Gal 3,26ff; vgl. 1 Joh 3,1f) und »Vater unser« (Mt 6,9ff/Lk 11,1ff). – Doch es bleibt eine Differenz: Wir können von *uns* ja nicht sagen, dass *wir* ganz Gott entsprechende Menschen wären, dass wir »schlechthin gut« (E. Bloch) sind.

Wie also kann dann der Vorsprung Jesu, die Einzigartigkeit Jesu zum Ausdruck gebracht werden? Das Neue Testament tut es auf zwei unterschiedliche Weisen:[77]

Matthäus und Lukas bringen in ihren *symbolischen* Erzählungen von der Geistempfängnis und Jungfrauengeburt[78] zum Ausdruck, dass Jesus nicht einfach Produkt aus *menschlichen* Möglichkeiten ist, dass Jesus vielmehr nur durch *Gottes* neuschöpferisches (Geist-)Wirken so sein konnte: *der* Sohn Gottes, der das rechte Verhältnis zu Gott wirklich lebt. Mit Jesus hat Gott einen *Neu*anfang in der Menschheitsgeschichte gemacht, einen Neuanfang, den Menschen nicht hervorbringen können, an den wir aber anknüpfen können. So Matthäus und Lukas.

Paulus und Johannes gehen anders vor. Sie reden nicht von Jungfrauengeburt (sie brauchen das nicht). Sie sehen, was mit Jesus gekommen ist, viel tiefer begründet, im Innersten Gottes selbst: Gott hat seinen Sohn gesandt (Gal 4,4–6) bzw. Gottes Wort ist Fleisch geworden (Joh 1,1.14). Gottes eigene innerste Selbstaussage, sein ewiges Wort, ist in dem Menschen Jesus »Fleisch« geworden, Mensch geworden (Mensch – nicht nur Satz oder Schrift). Gottes *Wort* ist in Jesus *Mensch* geworden, ein jüdischer Mensch: Nicht nur Jesu Worte, *alles* an diesem jüdischen Menschen, was er tut, wie er mit andern umgeht, wie er ins Leiden geht, alles *spricht von Gott.* Alles spricht von Gottes innerstem Wesen und Willen: Liebe, die für grenzenlos alle entschieden ist. So können wir an Jesus ablesen, wie Gott zu uns ist: Barmherzigkeit, Güte, Liebe, die jetzt schon alle erreichen möchte, die überall im Antrieb zum Guten am Werk ist und die alle retten will.

Beide Konzepte, Jesu einzigartige Bedeutung zum Ausdruck zu bringen, stimmen im Entscheidenden überein: In Jesus Christus ist wirklich »Gott-mit-uns« (Mt 1,23).

2. Kapitel:
Ist Jesus überhaupt am Kreuz gestorben?

Dass Jesus von Nazaret in der Regierungszeit des Kaisers Tiberius unter dem Staathalter Pontius Pilatus an einem Freitag des Jahres 30 nC. von römischen Soldaten gekreuzigt worden ist, ist, wie wir sahen, eine gut belegte historische Tatsache. Aber es erhebt sich die Frage: Ist Jesus am Kreuz wirklich gestorben oder hat er überlebt? Dass er am Kreuz gestorben ist, wird immer wieder bestritten. Noch weitergehend:

1. Gnostiker und Koran bestreiten die Kreuzigung Jesu

Schon im 2. Jahrhundert bestritten manche Gnostiker, dass Jesus überhaupt den Kreuzestod erlitten habe – aus dogmatischen Gründen: das Geistig-Göttliche darf nicht in den Schmutz der Materie und des Leidens, gar des schmählichen Kreuzestodes gezogen werden. So erklärte um 140 nC. in Ägypten der Gnostiker Basilides, in Wirklichkeit habe nicht Jesus Christus, sondern Simon von Cyrene (der ähnlich wie Jesus ausgesehen habe und den sie mit ihm verwechselt hätten) den Kreuzestod erlitten; hingegen sei der aus der himmlischen Lichtwelt gekommene Christus in die göttliche Lichtwelt zurückgekehrt.[79] Anhänger des Basilides gab es noch jahrhundertelang.

Solche Vorstellungen lernte auch Muhammad (ca 570–632) kennen. Für ihn war es undenkbar, dass ein Prophet und Verkünder des wahren Glaubens dem Bösen unterliegen kann. Diese Logik verlangte, dass Jesus zumindest die Kreuzigung überlebte oder besser gar nicht gekreuzigt wurde. Im Koran heißt es deshalb: »Sie sagten: wir haben Christus Jesus, den Sohn der Maria und Gesandten Gottes, getötet. – Aber sie haben

ihn (in Wirklichkeit) nicht getötet und nicht gekreuzigt, sondern einen anderen, den sie für Jesus hielten ... Sie haben ihn
gewiss nicht getötet. Nein, Gott hat ihn zu sich (in den Himmel)
erhoben« (Sure 4,157f).[80] Viele Muslime glauben daher, dass
Jesus nicht am Kreuz starb, sondern ohne Tod von Gott erhöht
wurde.

2. Ging Jesus nach Indien und ist dort begraben worden?

In den 1880er Jahren kommt die Jesus-in-Indien-Legende auf.
Sie hat zwei Varianten:

Die eine Variante lässt Jesus in seinen Jugendjahren in Indien gewesen sein. So der russische Kosakenoffizier Nikolaj
Notowitsch in seinen 1894 veröffentlichten »Reiseerlebnissen
(deutsch: »Die Lücke im Leben Jesu«), die von dem Indologen
Max Müller (1823–1900) sowie dem Orientalisten J. Archibald
Douglas (1895/1896) als Lügen und Aufschneiderei von Anfang
bis Ende entzaubert wurden.[81]

Die andere Variante besagt, Jesu habe die Kreuzigung überlebt und sei dann nach Indien gegangen, wo er starb und begraben sei. So erstmals 1899 Mirza Ghulam Ahmad (1839–1908),
der Begründer der islamischen Ahmadiya-Bewegung, die er
1901 als eigenständige Religionsgemeinschaft registrieren ließ.
Er berief sich auf ihm zuteil gewordene göttliche Offenbarungen, erhob den Anspruch, der Mahdi zu sein, der letzte von den
Muslimen erwartete Prophet. Als er gar erklärte, die Inkarnation
Muhammads zu sein, erfuhr er Ablehnung, änderte seine Argu-
mentation und behauptete, er sei gesandt worden, das Kreuz
(d. h. das Christentum) zu brechen. In einem in Urdu verfassten

Buch von 1899 (später engl. »Jesus in India«) behauptete er, Jesus sei nicht am Kreuz gestorben, habe dank eines Wunderöls die Kreuzigung überlebt, sei von seinen Jüngern gesund gepflegt worden, sei auf der Suche nach den »verlorenen Stämmen Israels« bis nach Kaschmir gewandert, und dort sei er im Alter von 120 Jahren gestorben und begraben worden. Sein angebliches Grab (in Wirklichkeit das Grab eines buddhistischen Heiligen) wird in der Khanyar-Straße von Srinagar noch immer als Touristenattraktion gezeigt.

Seit der Münchner Indologe *Günter Grönbold* in seinem fundierten Buch »Jesus in Indien. Das Ende einer Legende«[82] ausführlich nachgewiesen hat, dass sämtliche Jesus-in-Indien-Behauptungen auf unhaltbaren Erfindungen, Spekulationen und Kombinationen beruhen (die unkundige Leser meist nicht durchschauen), ist es diesbezüglich ruhiger geworden.

3. Keine Auferstehung, weil Jesus Kreuz und Grab überlebt hat?

Vor Jahren hat der Journalist *Franz Alt* den Tod Jesu am Kreuz und seine Auferstehung zugleich bestritten. In seinem Buch »Jesus – der erste neue Mann« schreibt er[83]: »Eine bis heute wundergläubige Theologie und Verkündigung erklärt Jesus am Kreuz für tot; verwandelt seine Leiche anschließend in ein Gespenst, das sich je nach Bedarf sichtbar und unsichtbar machen und schließlich in die Wolken aufschweben kann.« Eine üble Karikatur, die offensichtlich Theologie und Verkündigung diskreditieren soll und die zeigt, dass Franz Alt von der Eigenart der biblischen Ostertexte keine Ahnung hat. Wir werden das in Kapitel 3 sehen. Wenn Franz Alt indes bemerkt: »Dass

Gott eine Leiche aufrichtet, ist gottwidrig«, dann hat er recht und offenbart doch zugleich, welch primitives Verständnis von Auferstehung er hat (als ob diese etwas mit der Leiche zu tun haben müsste). Weil er ein derart naives Verständnis von Auferstehung hat, kann er eine Auferstehung Jesu nicht annehmen, macht sich vielmehr folgendes Bild zurecht: »Jesus ›stirbt‹ nicht am Kreuz, sondern ›haucht seinen Geist aus‹ (ekpneunen), das heißt …: Er war bewusstlos. Einflussreiche Juden um den Jesus-Freund Joseph von Arimathäa versorgten den verwundeten und ohnmächtigen Jesus, der dann nach zwei Tagen wieder aufwacht (egerthe heißt: Er ist aufgewacht!)«.

Das ist alles falsch. Nur zwei erste Hinweise. Wenn es Mk 15,37par wörtlich heißt »Jesus hauchte aus« (exépneusen), so entspricht das hier verwendete ekpneúein typisch griechischem Sprachgebrauch und bedeutet »das Leben aushauchen«, d. h. sterben. Und egérthe heißt »er ist aufgeweckt worden«, gemeint ist (wie seit Jes 26,19 immer wieder): von Gott. Dem werden wir unten genauer nachgehen.

Neuerdings hat der frühere Frankfurter Mediävist *Johannes Fried* dies noch überboten. In seinem Buch »Kein Tod auf Golgotha. Auf der Suche nach dem überlebenden Jesus«[84] hat er zu bestreiten versucht, dass Jesus am Kreuz auch wirklich gestorben ist, indem er die Scheintodtheorie mit medizinischen Ideen wieder aufgefrischt hat. Er stellt die These auf, dass Jesus – wegen der Kürze der Kreuzigungszeit sowie der raschen Kreuzabnahme und Grablegung vor Beginn des Sabbats – die Kreuzigung überlebt habe und im Grab wieder aufgewacht sei.

Der Schlüssel ist ihm dabei ein Detail im JohEv 19,32–34: »einer der Soldaten stach ihn mit einer Lanze in die Seite, und alsbald kam Blut und Wasser heraus«. Johannes Fried meint, Jesus habe eine Lungenverletzung erlitten, sei in ein todesähnliches CO_2-Narkose-Koma verfallen, sei für tot gehalten worden, aber im Grab wieder erwacht (der Lanzenstich habe Jesus überleben lassen, da so Blut und Wasser abfließen konnten). In der Nacht hätten ihn Helfer um Joseph von Arimathäa und Nikodemus herausgeholt und dafür gesorgt, dass er gesund gepflegt wurde und dann in den Osten fliehen konnte, in die Dekapolis und nach Syrien oder Ägypten. Das Grab sei also leer gewesen, weil er überlebt und es wieder verlassen habe. Derweil hätten die Jünger die Lehre vom auferstandenen Gottessohn verbreitet.[85]

Johannes Fried hat in der Presse Anklang bei Lesern gefunden, die so etwas wie eine Auferstehung einfach für Quatsch halten und deshalb andere Erklärungen bereitwillig aufnehmen und teilen.

Gegenkritik: Was ist zu dieser Sicht zu sagen?

Zunächst muss man zurückfragen: Wie kann ein an beiden Händen und Füßen mit Nägeln[86] durchbohrter Mensch, der zuvor gegeißelt wurde (was oft schon zum Tod führte)[87] und der so geschwächt war, dass er den Kreuz-Querbalken nicht mehr tragen konnte, so dass die römischen Soldaten den vorbeikommenden Simon von Cyrene (Vater von Alexander und Rufus, die dann zur christlichen Gemeinde gehörten) zwangsrekrutierten, ihm den Querbalken zur Hinrichtungsstätte zu tragen (so der früheste Kreuzigungsbericht Mk 15,20f), der vielleicht gar noch einen Lanzenstich in die Brust erlitt (so die Erweiterung Joh 19,34), und der dann vom Kreuz abgenommen wurde, was nicht ohne neue Verletzungen abging: wie kann ein derart ge-

schwächter Mensch mit zerschlagenem Körper noch kilometer-
lange Strecken laufen, ohne dass es auffällt?

Fried postuliert ein jahrzehntelanges Überleben Jesu, dies-
mal nicht in Indien, sondern in Syrien oder Ägypten. Eine erfin-
dungsreiche, fantastische Konstruktion!

Alle diejenigen, die annehmen, dass Jesus nach der Kreuzigung im Grab wieder aufgewacht, gesund gepflegt und wer weiß
wohin gewandert ist, vergegenwärtigen sich einfach nicht, was
Gekreuzigt-werden durch römische Soldaten bedeutet hat. Die
brutalen Fakten werden von römischen Autoren (wie Seneca,
Sueton, Horaz, Artemidor u. a.) oder von dem jüdischen Zeitgenossen Philo von Alexandrien und dem jüdischen Historiker
Flavius Josephus schonungslos beschrieben.[88]

> Unter anderem berichtet Josephus in seiner Vita von einem
> erschütternden Erlebnis, das ihm unmittelbar nach der Zer-
> störung des Jerusalemer Tempels widerfuhr: »Als ich von Ti-
> tus (dem römischen Feldherrn, der Jerusalem zerstört hat und
> später Kaiser wurde) in ein Dorf namens Tekoa geschickt
> wurde, um festzustellen, ob der Ort für ein befestigtes Lager
> geeignet wäre, und auf dem Rückweg dort viele Kriegsgefan-
> gene am Kreuz hängen sah und drei meiner Verwandten er-
> kannte, betrübte es mich zutiefst, und unter Tränen trat ich
> an Titus heran und sagte es ihm. Er befahl sogleich, sie her-
> unterzunehmen und ihnen die sorgfältigste Pflege zuteilwer-
> den zu lassen. Zwei starben während der Behandlung, der
> Dritte jedoch überlebte.«[89] So einfach war es mit dem Gesund-
> pflegen und Überleben also nicht.

Nach allem, was wir aufgrund der Evangelien und der römischen Zeugnisse von Kreuzigungen wissen können, muss man

davon ausgehen, dass das römische Hinrichtungskommando in Anbetracht des drohenden Doppelfestes (Sabbat und Passah) unter Zeitdruck stand, daher nicht zu Methoden griff, die den Tod hinauszögerten, dass man also dem gekreuzigten Jesus keinen Sitzpflock (sedile) als Stütze gab. Der Körper des durch Geißelung und durch Annagelung der Arme am Querbalken, durch Hochziehen am Längsbalken und Annagelung der Füße an diesem, durch Blutverlust und Durst erschöpften Gekreuzigten musste also mit seinem ganzen Gewicht durchhängen, was den Blutkreislauf und das Atmungssystem so beeinträchtigte, dass es immer wieder zu Erstickungsanfällen kam, an deren Ende der Kreislauf total zusammenbrach. Das ist unter den medizinisch diskutierten die wahrscheinlichste Todesursache.[90] Und ein Stich ins Herz hätte das nur besiegelt.

Sodann: Die Stelle, die für Fried ausschlaggebend ist, lautet wörtlich: »Die Soldaten kamen und zerschlugen zwar die Gebeine des ersten und des anderen Mitgekreuzigten, aber als sie zu Jesus kamen, sahen sie, dass er schon gestorben war, zerschlugen seine Gebeine nicht, sondern einer der Soldaten stieß mit einer Lanze in seine Seite, und herauskam Blut und Wasser« (Joh 19,32–34).

Diese Stelle findet sich nicht in den älteren Evangelien, sondern nur im JohEv, und dort hat sie, wie so vieles im JohEv, symbolische (nicht historische) Bedeutung. Das JohEv (19,36 und 37) sieht damit nämlich zwei »Schriftworte erfüllt«: Ex 12,46, wo es vom *Passahlamm* heißt »Sein Gebein soll *nicht zerbrochen* werden«, und Sach 12,10, wo es heißt »Sie werden blicken auf den, den sie *durchbohrt* haben«. Für das JohEv erweist diese doppelte Erfüllung, dass in dem Geschehen sich der Heilsplan Gottes erfüllt und der gekreuzigte Jesus der verheißene Heilbringer ist: Er ist nach Joh 1,29 das wahre Passalamm, dessen Gebeine nicht zerbrochen werden; und er ist mit dem Lanzenstich durchbohrt, so dass »herauskam Blut und Wasser«. Medizinisch gesehen kommt aus dem Herzen kein Wasser heraus, aber darum geht es nicht, vielmehr sieht das JohEv aus dem Herzen des gekreuzigten Jesus die Sakramente der Taufe (vgl. Joh 3,5: Taufwasser) und des Abendmahls (vgl. Joh 6,52–58) hervorgehen.[91] Die Geschichte ist also voller Symbolik wie das gesamte JohEv, das deshalb unter den Evangelien als historische Quelle nur sehr bedingt geeignet ist. Falls der Gekreuzigte aber tatsächlich noch einen Lanzenstich in die Brust erhalten hat, bleibt offen, ob der Stich rechts in die Lunge (was Fried zu seiner Theorie bräuchte) erfolgt ist oder links direkt ins Herz (was den sicheren Tod bedeutete).

Man wundert sich, wie der früher so geachtete Historiker Johannes Fried auf seine alten Tage so unkritisch und selektiv mit den Quellen umgehen kann, um sich ein ihm genehmes Bild zu formen. Er will natürlich ohne eine Auferstehung auskommen; das ist sein naturalistisch-dogmatisches Vorurteil, welches viele mit ihm teilen. Dazu greift er alte Ideen auf, verquickt sie mit medizinischen Spekulationen und sucht sich das dazu Passende aus dem NT heraus. Alles in allem bietet Johannes Fried eine phantasievolle, abenteuerliche Konstruktion, »schlecht geschriebene Science Fiktion«, wie ein Rezensent sagte.

4. Ergebnis: Was wir über Kreuzigung und Tod Jesu historisch wissen können

Alle frühen Quellen, christliche wie außerchristliche, gehen vom Tod Jesu aus. Für sie alle stand gleichermaßen fest, dass Jesus am Kreuz tatsächlich gestorben ist. Keine dieser Quellen hat angenommen, Jesus sei nicht gestorben, sondern wieder herumgewandert.

Der Tod Jesu kann schon deshalb keine Erfindung der Jünger sein, weil er den Jüngern völlig quer kam und ihnen größte Probleme machte: die Jünger und die frühen Christen hatten nach Karfreitag erhebliche Mühe, in dem schändlichen Tod Jesu am Kreuz (einem Verbrechertod, ja für viele Juden einem Fluchtod) einen Sinn zu finden. Das belegen die vielfältigen urchristlichen Versuche, die zu zeigen versuchen, dass der Kreuzestod nicht gegen Jesus und seine Botschaft von Gott spricht.[92] Einen solchen Tod ihres Meisters hätten die Jünger nie erfunden.

3. Kapitel:
Die Osteraussagen des Neuen Testaments – wie sind sie zu verstehen?

Einleitung und schematische Übersicht

Die Oster-Erzählungen des Neuen Testaments machen viele ratlos. Wie soll man sie verstehen? Hört oder liest man sie, wie man es von der Zeitungslektüre her gewohnt ist, als Nachrichten über den Ablauf der Geschehnisse, so entsteht der Eindruck von mirakelhaften Vorgängen, welche die Naturgesetze außer Kraft setzten, und man gerät in unlösbaren Widerspruch zu heutigem Weltwissen. Hört oder liest man diese Erzählungen hingegen als bloße Symbolgeschichten, so hat man sie zwar passend gemacht zu diesem Weltwissen, hat aber vielleicht etwas Wesentliches preisgegeben und verloren. Wie also soll man sie verstehen? Fragen wir deshalb zuerst: Welcher Art sind die Texte und was geben sie zu verstehen?[93]

Um nicht auf ganz falsche Fährten zu geraten, muss man zunächst wissen, dass die Oster**erzählungen** der Evangelien, die weithin die Vorstellungen in den Köpfen geprägt haben, gar nicht so alt sind (sie finden sich erst in der späteren Zeit zwischen 70 und 100 nC). Deutlich älter sind frühchristliche Oster**bekenntnisse**, die sich in den ältesten Schriften des NT, den Briefen des Paulus, finden, die aber auch fast alle anderen neutestamentlichen Schriften durchziehen (auch die Evangelien und ihre Ostererzählungen).

Man muss also im NT *zwei Textsorten* unterscheiden: zum einen kurze alte Oster*bekenntnisse* (ohne alle anschaulichen Details), zum andern am Ende der späteren Evangelien längere Oster*erzählungen* (welche das alte Osterbekenntnis literarisch inszenieren und veranschaulichen und deren historischer Kern hervortritt, wenn man sie mit den ursprünglichen Bekenntnissen vergleicht). Kurz: Bekenntnis und Inszenierung (in Erzählungen)

Die nachfolgende *schematische Übersicht* (entnommen aus Kessler, Sucht den Lebenden nicht bei den Toten, 158) versucht die wichtigsten historisch konstatierbaren Sachverhalte zusammenzustellen, soweit sie für die Frage nach der Auferstehung und den Erscheinungen Jesu relevant sind.

Zur Erläuterung: Jesu Verhaftung und Hinrichtung am Kreuz führte zum Untertauchen der Jünger bzw. zu ihrer Heimkehr nach Galiläa (30 nC.). Die Frage ist: Welches Ereignis (»auslösendes X«) löste ihre baldige Rückkehr nach Jerusalem aus und das Bekenntnis der Auferstehung, wie es in der frühesten Auferweckungsformel (»Gott hat Jesus vom Tod erweckt«) vorliegt? Die Antwort geben Erweiterungen dieser Auferweckungsformel, die von »Erscheinungen« vor etlichen Zeugen wissen (1 Kor 15,5-7; Lk 24,34). Dieses frühe Zeugnis der Urgemeinde (um 30) wird dann von Paulus nach seiner Bekehrung (um 32) aufgenommen und (um 50) an die Korinther weitergegeben. Das MkEv (um 70) hält es in der Notiz Mk 16,7 fest, die Großevangelien Mt, Lk und Joh (circa 85-100) entfalten es in ganz unterschiedlichen Erscheinungserzählungen, die das frühe Bekenntnis veranschaulichend inszenieren. (Erst im 2. Jh. bildet der sekundäre Markus-Schluss 16,9–16 daraus ein historisierendes Resümee.) Die ziemlich späten Grabeserzählungen sind alle abhängig von ihrer ältesten Fassung bei Mk 16,1–8 (um 70), deren Herkunft ungeklärt ist.

Auferstehung und Erscheinungen Jesu: Historisch konstatierbare Sachverhalte

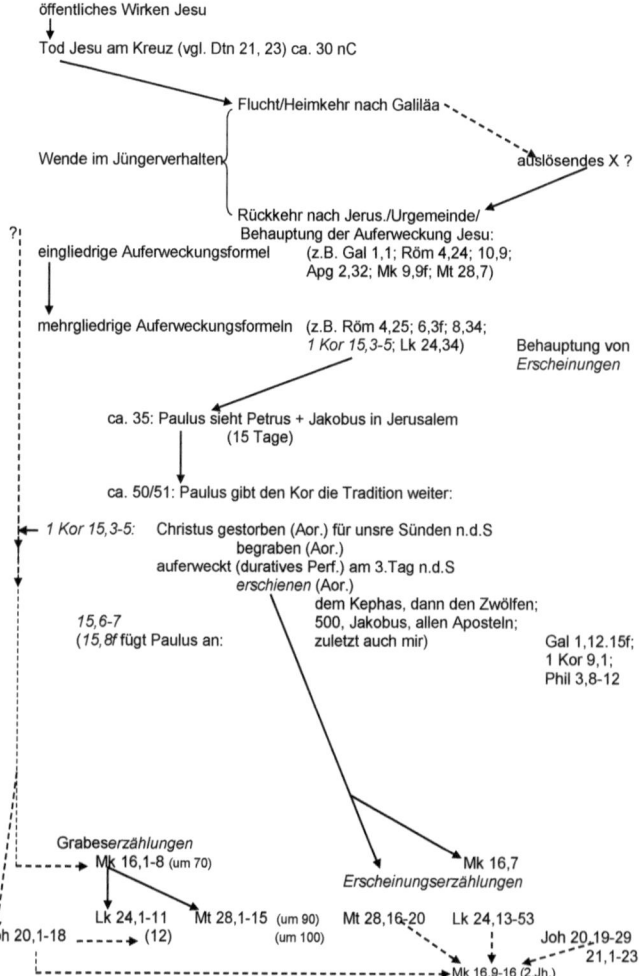

öffentliches Wirken Jesu

Tod Jesu am Kreuz (vgl. Dtn 21, 23) ca. 30 nC

Flucht/Heimkehr nach Galiläa

Wende im Jüngerverhalten

auslösendes X ?

Rückkehr nach Jerus./Urgemeinde/
Behauptung der Auferweckung Jesu:

?! eingliedrige Auferweckungsformel   (z.B. Gal 1,1; Röm 4,24; 10,9;
Apg 2,32; Mk 9,9f; Mt 28,7)

mehrgliedrige Auferweckungsformeln   (z.B. Röm 4,25; 6,3f; 8,34;
1 Kor 15,3-5; Lk 24,34)

Behauptung von
Erscheinungen

ca. 35: Paulus sieht Petrus + Jakobus in Jerusalem
(15 Tage)

ca. 50/51: Paulus gibt den Kor die Tradition weiter:

← *1 Kor 15,3-5:*   Christus gestorben (Aor.) für unsere Sünden n.d.S
begraben (Aor.)
auferweckt (duratives Perf.) am 3.Tag n.d.S
erschienen (Aor.)

15,6-7
(*15,8f* fügt Paulus an:

dem Kephas, dann den Zwölfen;
500, Jakobus, allen Aposteln;
zuletzt auch mir)

Gal 1,12.15f;
1 Kor 9,1;
Phil 3,8-12

Grabeserzählungen
Mk 16,1-8 (um 70)

Mk 16,7

Erscheinungserzählungen

Lk 24,1-11   Mt 28,1-15 (um 90)   Mt 28,16-20   Lk 24,13-53

Joh 20,1-18 ---- (12)   (um 100)   Joh 20,19-29
21,1-23

Mk 16,9-16 (2.Jh.)

1. Die frühen Osterbekenntnisse (seit 30 nC.) – ohne alle anschaulichen Details

a) Die eingliedrige Auferweckungsformel

Das älteste literarisch greifbare Zeugnis von Ostern ist eine ganz knappe bekenntnisartige Formulierung:[94] »Gott hat Jesus von den Toten erweckt« (als Aussagesatz). Oder (als Relativsatz): »Jesus, den Gott von den Toten erweckt hat«. Oder, und zwar meistens (als Gottesprädikation): »Gott, der Jesus von den Toten *erweckt hat*« Möglicherweise war die erste Rede von Jesu Auferstehung also Gotteslob, lobpreisende Antwort der Jünger und Jüngerinnen auf ihre Ostererfahrung. Gott wird gepriesen, weil er den getöteten Jesus errettet hat: gepriesen sei »Gott, der Jesus von den Toten *erweckt hat*«.

Dieses kurze Osterbekenntnis (ohne alle anschaulichen Details) stammt aus der *frühesten* Jerusalemer Urgemeinde, also aus der Zeit bald nach Karfreitag und Ostern, und es durchzieht das ganze NT, alle Schichten und Schriften. Eine fest geprägte *Bekenntnisformel*. Sie kommt im NT so oft vor, dass man eine ganze Seite füllen könnte allein mit den bloßen Stellenangaben (z. B. 1 Thess 1,10; 1 Kor 6,14; 2 Kor 4,14; Gal 1,1; Röm 4,24; 8,11; 10,9; Kol 2,13; Apg 2,32; 13,34. 37; 17,31; Mk 16,6par; Joh 2,22; 1 Petr 1,21; 2 Tim 2,8 und sehr viele andere Stellen). Überall im NT ist die darin gefasste Überzeugung präsent: »Auferweckt wurde er.«

Diese Auferweckungsformel lehnt sich formal und inhaltlich an die alttestamentlich-jüdische Tradition an, welche Gott als den preist, »der Himmel und Erde gemacht hat« (Ps 115,15; 124,8; Jes 45,7; Gen 14,19; u. a.) und »der euch aus Ägypten herausgeführt hat« (Ex 16,6; 20,2; Lev 19,36; Hos 13,4; u. a.)

und als den, »der die Toten lebendig macht« (so in der 2. Benediktion des täglichen 18-Bitten-Gebets). Sie macht also *grundlegend eine Aussage über Gott*, wie Israel ihn bekannte: genau dieser Gott habe jetzt an dem gekreuzigten und toten *Jesus* gehandelt. Gott habe damit ihn, den endgültigen Boten und Repräsentanten der ankommenden Gottesherrschaft, den getöteten Zeugen seiner Liebe, *ins Recht gesetzt* und sich als der Gott erwiesen, den der irdische Jesus in Anspruch genommen und behauptet hatte, nämlich als Retter der Verlorenen (z. B. Lk 15par) und für alle entschiedene Güte.

Mit dem knappen Bekenntnis zur *Auferweckung* Jesu vom Tod ist von Anfang an die Vorstellung von der *Erhöhung* Jesu in den Himmel, in die Dimension Gottes, verbunden. Denn aus der frühen Jerusalemer Urgemeinde stammt auch der kurze aramäische Gebetsruf »*Maràna-thà*« (1 Kor 16,22; Didaché 10,6), d. h. übersetzt »Unser Herr, komm!« (Offb 22,20). Dieser Gebetsruf setzt voraus, dass der am Kreuz gestorbene Jesus ihn *hören* kann, dass er also aus dem Tod erweckt und zu Gott »erhöht« ist, der erhöhte »Herr« ist und kommen kann.

Auch in anderen frühen Texten wird *Auferweckung als Erhöhung* verstanden, als *Erhöhung* in die Dimension oder (himmlische) Herrlichkeit Gottes, von wo er gegenwärtig ist, kommen kann (so z. B. die in 1 Thess 1,9f zitierte frühe Missionsverkündigung) und durch den heiligen Geist wirken kann (so z. B. die in Röm 1,3–4 zitierte alte Tradition). Auferstehung und Erhöhung gehören zusammen, sind ein einziger Vorgang. (Erst Lukas wird um 85 n. Chr. beides auseinanderreißen: Auferstehung und – 40 Tage später – Himmelfahrt.[95])

b) Erweiterung zu mehrgliedrigen Glaubensbekenntnissen: »auferweckt« und »erschienen dem ...« (1 Kor 15,3–5.6f)

Zurück zur ältesten Osterbekenntnisformel »Gott hat Jesus auferweckt«. Diese *ein*-gliedrige Aussage wurde schon früh unter verschiedenen Aspekten zu kleinen *mehr*-gliedrigen Glaubensbekenntnissen *erweitert*/ausgebaut. Beispiele dafür sind etwa erhalten in 1 Kor 15,3–5; Lk 24,34, Apg 10,39f; Röm 4,24f; 8,34 und anderen Texten.

Paulus zitiert in *1 Kor 15,3–5* ein solches Glaubensbekenntnis (siehe Mitte der Skizze), das er – wie er in Vers 3a selbst sagt – als Tradition »empfangen« hat, und zwar möglicherweise schon gleich nach seiner Bekehrung in der christlichen Gemeinde von Damaskus um das Jahr 32 n. Chr. oder dann 3 Jahre später (35) in Jerusalem, als er dort zwei Wochen lang Petrus und Jakobus besuchte (wie er in Gal 1,18f mitteilt).[96] Paulus hat dieses alte Bekenntnis dann der um 50 von ihm gegründeten Gemeinde in Korinth weitergegeben; zwei Jahre später erinnert er sie im ersten Korintherbrief daran, indem er dieses Glaubensbekenntnis zitiert.[97] Darin heißt es in den Versen 3–5: »ich habe euch weitergegeben, was ich selbst (als Tradition) empfangen habe, (nämlich) dass

»Christus *gestorben* ist für unsere Sünden gemäß den Schriften, und *begraben* worden ist,

und *auferweckt* ist am dritten Tag gemäß den Schriften und *erschien* dem Kephas, danach den Zwölfen«.

Dazu einige kurze Erläuterungen:
In der viergliedrigen Bekenntnisformel werden die beiden tragenden Glieder je durch ein untergeordnetes Glied bekräftigt

und bestätigt: »er ist gestorben« wird bestätigt durch »begraben« (von einem leeren Grab ist nicht die Rede), »er ist auferweckt« wird bekräftigt durch »er ist erschienen«. »Durch sein Erscheinen erweist sich der hingerichtete und begrabene Jesus als der nun Auferstandene.«[98]

»Christus ist auferweckt« steht in der *Zeitform Perfekt*, d. h.: das dauert an, er ist und bleibt der Auferweckte. »Er erschien« hingegen steht (wie »gestorben und begraben«) in der besonderen griechischen *Zeitform Aorist*, d. h.: das ist damals passiert und ist abgeschlossen.

»Gemäß den Schriften« bezieht sich nicht eingeschränkt auf eine bestimmte Schriftstelle (etwa Jes 53,12 oder Hos 6,2), sondern meint, dass Jesu Geschick als ganzes dem in der Schrift als ganzer zutage tretenden (Heils-) Willen Gottes entspricht.[99]

Der »dritte Tag gemäß den Schriften« ist ursprünglich ein theologisches (kein historisches) Datum: an vielen Stellen des AT (Hos 6,2; Gen 22,4f; 42,18; Ex 19,10f.16; Jos 2,16; Jona 2,1 u. a.), auch in rabbinischen Texten, ist »der dritte Tag« symbolisch-metaphorischer Ausdruck für die positive Wendung eines bösen Geschickes, für das rettende Eingreifen Gottes in total aussichtsloser Lage; der dritte Tag ist seit alters der Tag der Rettung[100]. Er sagt nichts darüber, *wann* die Auferweckung Jesu oder die Osterkehre der Jesusanhänger erfolgte. Das hat man allerdings später hineingelesen.

Paulus, der die frühen Jerusalemer Osterzeugen persönlich gekannt und mehrfach mit ihnen gesprochen hat (bei seinem frühen Besuch in Jerusalem um 35 nC und später auf dem sog.

Apostelkonvent in Jerusalem um 49 nC; vgl. Gal 1,18f; 2,1–11; Apg 15), fügt an die von ihm zitierte frühe Glaubensformel in Vers 7 noch eine weitere alte Tradition hinzu, die von Erscheinungen vor dem Herrenbruder Jakobus und vor allen Aposteln weiß, schiebt dazwischen in Vers 6 ein Erscheinen vor über 500 Geschwistern (von denen die meisten noch leben, also befragt werden können), und beschließt dann die Reihe der Zeugen in V. 8 mit seinem eigenen Selbstzeugnis[101]:

»(danach erschien er über 500 Brüdern auf einmal,
von denen die meisten noch bis jetzt leben, einige aber sind entschlafen;)
danach erschien er dem Jakobus,
dann den Aposteln allen;
(zuletzt aber von allen, gleichsam wie einer Missgeburt, erschien er auch mir)«.

Eine stattliche Liste von Zeugen, mit der Paulus der korinthischen Gemeinde vorführt, dass die Auferstehung Jesu gut bezeugt ist.[102] Die Liste zählt Erscheinungen vor *Einzelnen* auf (vor Kephas und Jakobus, am Ende reiht sich Paulus selbst ein) sowie vor *Gruppen* (vor den »Zwölf« und »allen Aposteln«, außerdem vor 500 Brüdern, wie Paulus einschiebt). In den Gruppen der über 500 Geschwister[103] (die Jerusalemer Urgemeinde?) und der Apostel (alle missionierenden Anhänger Jesu) sind sicher auch *Frauen* enthalten, auch wenn in der Zeugenliste einzelne Frauen wie Maria von Magdala[104] nicht genannt werden, möglicherweise deswegen, weil Frauen nach damaligem Recht in der Öffentlichkeit nicht als Zeugen galten[105]. Jedenfalls weiß Paulus davon, dass zu den *Aposteln* auch Frauen gehörten, dass beim Missionieren der »übrigen Apostel und der Brüder des Herrn und des Kephas« deren »Ehefrauen«

beteiligt waren (1 Kor 9,5; vgl. Gal 1,17.19), und er kann von dem Paar Andronikus und Junia anerkennend sagen, sie »ragten unter den Aposteln heraus« (Röm 16,7).[106]

Mit »er erschien dem Kephas« und den anderen Zeugen wird auf die Oster*erfahrung* der Jünger und Jüngerinnen hingewiesen, also auf die Erfahrung, die ihren *Glauben* an die Auferstehung Jesu ausgelöst hat.

Nach Jesu Verhaftung und Hinrichtung am Kreuz waren die Jünger ja untergetaucht oder geflohen (vgl. Mk 14,50; vgl. Joh 16,32). Doch einige Zeit später[107] kehren sie wieder ins für sie nicht ungefährliche Jerusalem zurück, gründen die Urgemeinde, behaupten die Auferweckung Jesu, bekennen ihn als Messias. Was hat diese Wende im Verhalten der Jünger ausgelöst? Was hat ihren Glauben an die Auferweckung Jesu ausgelöst? Die alte Bekenntnisformel (1 Kor 15,3ff) sagt: Es war diese Erfahrung, die mit »er erschien dem Kephas« usw. gemeint ist. Was dieses »er erschien« besagen könnte, werden wir zu bedenken haben.

Am Anfang steht also ein *kurzes Bekenntnis,* das den Osterglauben kurz auf den Punkt bringt: Gott hat Jesus von den Toten erweckt (und zu sich erhöht). Diese Bekenntnisaussage ist ganz knapp, nüchtern, ohne all die späteren Ausmalungen. Sie bekennt das *Un*anschauliche ohne alle anschaulichen Details.

2. Spätere Ostererzählungen als Inszenierungen des Osterbekenntnisses (70–100 nC)

Das alte Osterzeugnis aus der frühen Jerusalemer Urgemeinde zu Anfang der 30er Jahre wird Jahrzehnte *später szenisch entfaltet in den Ostererzählungen,* die wir am Ende der Evangelien finden (zwischen 70 und 100 nC.). Diese späteren Erzählungen haben *mit ihren anschaulichen Details* die Vorstellungen in unseren Köpfen geprägt, und ebenso die Darstellungen in der westlichen Kunst seit 1200 (bis 1200 gab es solche Darstellungen nicht, in den Ostkirchen gibt es sie bis heute nicht).

Doch diese Ostererzählungen sind *keine* historischen Erlebnisberichte oder Reportagen der Osterereignisse (man darf sie nicht wie Zeitungsberichte lesen), sondern sie sind *spätere erzählerische Inszenierungen* des ursprünglichen Osterbekenntnisses (»Jesus ist auferweckt«) und der Ostererfahrung (»er erschien«). Sie geben einem Bedürfnis der Menschen nach und veranschaulichen das wesentlich Unanschauliche (den Glauben an die Auferstehung und ihre Offenbarung) in anschaulichen und einprägsamen Erzählungen. Man muss also *unterscheiden* zwischen dem frühen Bekenntnis und dessen späterer Inszenierung.

Und zwar haben wir *sehr unterschiedliche* Inszenierungen nach Art von Predigtgeschichten, unterschiedliche Predigtgeschichten, je nach den Fragen der verschiedenen Gemeinden und den Antwortversuchen der Evangelisten. Deswegen fallen diese späteren Ostererzählungen so unterschiedlich aus.[108]

Wenn man diese predigtartigen Ostererzählungen fälschlich als Berichte und historische Reportagen der Osterereignisse auffasst, dann ergeben sich nicht harmonisierbare Widersprüche: bei Mk (dem ältesten Evangelium) *ein* Engel am Grab, bei Lk (der den Mk-Text vorliegen hat und kennt) dagegen *zwei* Engel, bei Mk fliehen die Frauen erschreckt und sagen niemand etwas, bei Lk melden sie alles den Jüngern; bei Mk gar keine Erscheinungserzählung, bei Lk die Emmausjünger, bei Joh hingegen Maria von Magdala und der ungläubige Thomas; bei Mt die Erscheinungen in Galiläa lokalisiert, bei Lk in Jerusalem, usw. Also *unvereinbare* Szenarien und Orte!

Deswegen haben schon antike Christentumskritiker wie Kelsos oder Porphyrios im 3. Jahrhundert geurteilt, dass das alles nicht stimmen könne. Sie haben die predigtartigen Ostererzählungen eben als angebliche Erlebnisberichte aufgefasst, die einfach nicht übereinstimmen und daher nicht wahr sein können.

Hätten die Evangelisten selber ihre Ostererzählungen als historische Berichte aufgefasst, dann hätten sie *nie so* verfahren dürfen, dass z. B. Lk das MkEv, das er kennt, derart abändert. Aber es sind ja von den jeweiligen Evangelisten geformte predigtartige Erzählungen. Das kann man z. B. sehr gut sehen, wenn man die drei aufeinander folgenden Erzählungen in Lk 24 (Lk 24,1–11; 24,13–35; 24,36–49) wie eine Synopse *nebeneinander* schreibt; dann erkennt man ganz deutlich die Hand des Lukas in den dreimal wiederkehrenden Stilmerkmalen.

Dass es sich um predigtartige erzählerische Inszenierungen handelt, *schließt* freilich *nicht aus*, dass in diesen Erzählungen auch überlieferte alte Erinnerungsstücke enthalten und verarbeitet sein können.

Zum einen haben wir also die ganz frühen kurzen Oster*bekenntnisse* »Gott hat Jesus auferweckt (erhöht)«, zum andern haben wir spätere Inszenierungen in den Oster*erzählungen* am Ende der Evangelien, die zwischen 70 und 100 nC verfasst sind. Man muss das ursprüngliche Osterbekenntnis und die späteren erzählerischen Inszenierungen unterscheiden.[109]

Nun gibt es bei diesen späteren Ostererzählungen wieder *zwei Arten* von Erzählungen: Grabeserzählungen und Erscheinungserzählungen. Ich gehe zunächst auf die Grabeserzählungen ein und auf die Frage, ob das Grab Jesu leer sein musste.

a) Erzählungen von der Osterverkündigung am Grab[110]

(1) Die älteste Grabeserzählung, von der die anderen abhängig sind, ist Mk 16,1–8 (um 70 n. Chr.).[111] Frauen gehen zum Grab Jesu und erleben Unerwartetes: Das Grab ist geöffnet, der Grabstein weggewälzt, sie sehen einen weiß gekleideten jungen Mann oder Engel (himmlischen Boten[112]), der zu ihnen spricht, Schrecken und Entsetzen[113] erfasst sie, sie verlassen fluchtartig die Grabhöhle und sagen niemand etwas.

Was ist das für ein Text? Der Dogmatiker und Kurienkardinal *Walter Kasper* schreibt, dass hier »kein historischer Bericht vorliegt«. Der Wunsch, einen beigesetzten Toten nach Tagen noch zu salben, »ist durch keine geläufige Sitte gedeckt und bei den klimatischen Verhältnissen Palästinas in sich widersinnig. Dass die Frauen erst unterwegs auf den Gedanken kommen, sie hätten eigentlich Hilfe nötig, um den Stein weg zu wälzen …, verrät ein mehr als erträgliches Maß von Gedankenlosigkeit. Wir müssen also annehmen, dass es sich hier nicht um historische Züge, sondern um Stilmittel handelt, die Aufmerksamkeit wecken und Spannung erzeugen sollen. Alles ist offensichtlich in recht geschickter Weise auf das lösende Wort des Engels *hin*konstruiert«[114], nämlich auf das Wort des Engels:

»Ihr sucht Jesus, den Nazarener, den Gekreuzigten; auferweckt wurde er, er ist nicht hier; sieh den Platz, wo sie ihn hinlegten. Doch geht fort, sagt seinen Jüngern und dem Petrus: Er geht euch voran nach Galiläa, dort werdet ihr ihn sehen, gleichwie er gesprochen hatte zu euch« (Mk 16,6–7)[115].

Das Engelwort setzt die Kenntnis der alten Doppelformel »auferweckt und erschienen« (von 1 Kor 15,4f; vgl. Lk 24,34) voraus. Die Stichworte aus 1 Kor 15,3–5 (gestorben, begraben, auferweckt, erschienen) sind jetzt dem himmlischen Boten, dem *Deute-Engel,* in den Mund gelegt.

Der Deute-Engel (angelus interpres) ist schon in manchen Texten des AT eine literarische Kunst-Figur, auf welche die biblischen Schreiber dann gerne zurückgreifen, wenn sie die *offenbarende göttliche Nähe symbolisieren* wollen. Der Deute-Engel ist also Symbol der offenbarenden Gegenwart Gottes. So auch in den Kindheits- und Ostererzählungen des NT; die literarische Stil-Figur des Deute-Engels (oder Verkündigungs-Engels) will die *gottgewollte Bedeutung* der Geburt Jesu und der Auferstehung Jesu aussagen, sie will nicht als reale Figur verstanden sein, auch wenn sie oft so missverstanden wurde.

Wie es in einem *erzählenden* Evangelium nötig ist, dessen Passionsgeschichte mit der Grablegung endet, musste die vorgegebene Osterbotschaft *erzählerisch* umgesetzt und im Zusammenhang des Grabes verkündet werden.[116] So ist die markinische *Grabes*erzählung ganz auf die Osterbotschaft im Mund des Deute-Engels »*hin*konstruiert«, um die Osterbotschaft »*herum*komponiert« und um dieser Osterbotschaft willen formuliert. Und zwar wurde sie mit drei traditionellen Vorgaben konstruiert: mit den Mitteln von Entrückungserzählungen (ihren typischen Elementen »suchen« und »nicht finden«), von in sie eingebauter Engel-Erscheinung (»Schrecken« ob des Einbruchs des Göttlichen) sowie fundamental mit der aus der Urgemeinde stammenden alten Bekenntnisformel »Gott hat Jesus auferweckt« bzw. »Jesus ist auferweckt«.[117]

Die Erzählung will nicht als Erlebnisbericht gelesen werden, sondern als erzählerische Inszenierung, als nachträgliche Veranschaulichung der (nun dem Engel in den Mund gelegten)

Botschaft von der Auferstehung. Die Veranschaulichung erfolgt mit Hilfe des Motivs der »Suche nach und Nicht-Auffindbarkeit von entrückten Personen«, das in Entrückungserzählungen geläufig ist[118]. Die Frauen suchen Jesus im Grab und finden ihn nicht. Die Erzählung versteht also die *Auferstehung* Jesu *als Entrückung oder Erhöhung* im Tod zu Gott und wehrt damit zugleich ein Verständnis von Auferstehung als Auferstehen zurück auf die Erde als Missverständnis ab. »Die Unauffindbarkeit des Leichnams führt weder in Mk 16 noch in vergleichbaren Erzählungen aus der Umwelt des NT zu Reflexionen über die ›Leiblichkeit‹ des Auferstandenen und/oder Entrückten«. »Der Leichnam wird für die Erhöhung gar nicht gebraucht.«[119]

Die markinische Grabeserzählung will die neue, unanschauliche Osterwirklichkeit (Erhöhung in die Dimension Gottes) literarisch darstellen. Sie will nicht als Wiedergabe einer historischen Begebenheit verstanden werden. Man darf deshalb nicht von der *literarischen* Ebene direkt auf die *historische* Ebene springen, etwa mit der Bemerkung »da steht's doch!«.

Wichtig ist auch: In dieser ältesten Grabeserzählung, auf der alle späteren fußen, fliehen die Frauen erschreckt vom Grab und sagen niemandem etwas.[120] Mit aller Entschiedenheit hält die Erzählung damit fest: Der Osterglaube wurde nicht durch ein leeres Grab oder eine leere Grabnische ausgelöst. Ein Grab kann ja aus verschiedenen Gründen leer sein (Verwechslung des Grabes, Diebstahl oder Umbettung des Leichnams). Und viel wichtiger noch ist folgendes: Auferstehung meint *nicht* Wiederbelebung des Leichnams, sondern die Entrückung/Erhöhung der *Person*, ihre Verwandlung und ihr Eintreten in die ganz andere Dimension Gottes, in eine ganz andere Seinsweise; darauf werde ich unten eingehen.

(2) Manche halten das leere Grab für wichtig. Sie verweisen darauf, dass es in den Grabeserzählungen aller Evangelien vorkommt. In der Tat: Bei Mk kommt das leere Grab im Engelwort, also in der besprochenen Welt, vor, und zwar eben aufgrund des Vokabulars von Entrückungs-Erzählungen (Verschwinden des Leichnams als Signal von Entrückung/Erhöhung); die nachfolgenden Evangelien (Mt, Lk, Joh) nehmen das dann nicht mehr als erzählerisches Signal, sondern buchstäblich. Während also für die älteste Grabeserzählung Mk 16,1–8 (um 70 nC), auf der ja alle späteren fußen, das Grab selbst nicht entscheidend ist, *bekommt das leere Grab in der Folgezeit eine wachsende Bedeutung.* Auf der Linie von Ez 37 wird das Grab nun als leer betrachtet.

> In den vielfältigen frühjüdischen, gerade auch den apokalyptischen Texten zu Auferstehung der Toten ist *nicht* an eine Öffnung der Gräber gedacht.[121] Das ist *anders* nur in ganz wenigen von Ez 37 beeinflussten Texten. Die Totenfeldvision *Ezechiel 37* aus dem babylonischen Exil (circa 586–538 vC) verheißt um 550 vC dem Volk die *nationale* Wieder-Auferstehung aus dem Exil, und zwar metaphorisch-bildhaft (die toten Gebeine stehen auf, umgeben sich mit Fleisch und Haut, Lebensodem kommt in sie). In diese nationale Vision haben Spätere (nach 200 vC) eine *individuelle* Auferstehung hineingelesen, so dass man an Wiederbelebung der Gebeine und Öffnung der Gräber denken konnte (4Q 385; 4 Makk 18,17), eine Vorstellung, die sich dann in Mt 27,52 und Joh 5,28f wiederfindet.[122]

So lässt *Mt* um 85 nC nach dem Tod Jesu viele entschlafene Heilige aus ihren Gräbern hervorkommen und vielen erscheinen (27,52f). Mt versteht (auf der Linie von Ez 37) Auferstehung in der Tat so, dass auch der irdische Leib zu Gott erhöht, das Grab also leer ist. Deswegen bildet er – zur Abwehr eines Gerüchts, die Jünger hätten den Leichnam heimlich gestohlen und dann seine Auferstehung behauptet – nachträglich eine Geschichte, in der das Grab Jesu rund um die Uhr von Soldaten bewacht wird (Mt 27,62–66; 28,2–4.11–15), eine nachträglich erfundene apologetische Legende, wie Exegeten beider Konfessionen übereinstimmend sagen.

Das noch spätere *JohEv* 20,1–18 lässt um 100 nC Petrus (Symbol der Großkirche) und den Lieblingsjünger (Symbol der johanneischen Gemeinde) sogar das leere Grab *inspizieren* und dadurch zum Glauben kommen, ganz *gegen* Mk 16,1–8.

Den Gipfel dieser fragwürdigen Entwicklung bildet das *apokryphe Petrus-Evangelium* (um 150 nC): Es lässt vor den Augen der das Grab bewachenden Soldaten zwei junge Männer in großem Lichtglanz vom Himmel herabsteigen und, nachdem der Stein von selbst wegrollte, in das Grab hineingehen und dann zusammen mit einem dritten, den sie stützen und dem ein Kreuz folgt, aus dem Grab herauskommen. Die Soldaten eilen zu Pilatus, erzählen ihm alles und sagen: Wahrhaftig, er war Gottes Sohn (PetrEv 35–45)[123]. Diese Ausgestaltung der Legende über die Grabwächter ist ein Phantasieprodukt und das Musterbeispiel einer falschen Apologetik, die den Auferstehungs-Glauben durch massiv-anschauliche ›historische‹ *Beweise sichern* will.

Doch es gehört zu den heutigen Erkenntnissen der Forschung, »dass das geöffnete und leere Grab nicht zu den historisch verifizierbaren Osterereignissen gehört«[124].

Exkurs: Musste das Grab Jesu leer sein?

Immer wieder wird behauptet, mit dem biblischen Verständnis von Leiblichkeit und leiblicher Auferstehung sei der Gedanke eines vollen Grabes und verwesenden Leichnams nicht zu vereinbaren; das Grab Jesu müsse leer gewesen sein.[125] Die jüdisch-apokalyptische Auferstehungsvorstellung habe, so wird gesagt, den im Grab liegenden Leichnam miteinbezogen und nur durch die Kontinuität der Leibesmaterie die personale Identität gewährleistet gesehen. Deshalb sei die Verkündigung der Auferstehung Jesu in Jerusalem gar nicht möglich gewesen, ohne sofort die Frage nach dem Verbleib des Leichnams Jesu zu provozieren, und sie hätte sich dort auch nicht halten können, wenn die Urgemeinde nicht auf das leere Grab hätte hinweisen können.

Wolfhart Pannenberg, der das lange auch so sah, hat dazu die berechtigte Forderung aufgestellt: »Wer das Faktum des leeren Grabes bestreiten will, muss den Nachweis führen, dass es unter den zeitgenössischen jüdischen Zeugnissen für den Auferstehungsglauben Auffassungen gegeben hat, wonach die Auferstehung der Toten mit dem im Grab liegenden Leichnam nichts zu tun zu haben braucht« und dass solche Auffassungen »in Palästina hinreichend populär waren«.[126]

Genau dieser Nachweis wurde inzwischen erbracht, insbesondere durch Jürgen Becker.[127] Aus seiner umfassenden Untersuchung der sehr vielfältigen frühjüdischen Aussagen zur Auferstehung der Toten, die vielen offenbar nicht bekannt ist, zitiere ich nur das diesbezügliche Ergebnis: »Das ständig ungeprüft wiederholte Argument, Christen konnten in Jerusalem Jesu Auferstehung nicht verkündigt haben, ohne Jesu leeres Grab vorzuzeigen, besitzt am frühjüdischen Textbefund keinen Rückhalt.« Die »weit verbreitete Ansicht, das Frühjudentum habe sich die Auferstehungswirklichkeit nur leiblich vorstellen können und zum Auferstehungsvorgang eigentlich ganz selbstverständlich immer an die Öffnung der Gräber gedacht«, gilt »nur in der schmalen Rezeptionsgeschichte von Ez 37«; nur da ist »an Öffnung der Gräber gedacht«, also an (Wieder-) Aufstehen des Leichnams aus dem Grab. »Die weitaus größere Mehrheit der Texte vertrat die Ansicht, Gott der Schöpfer werde der Totenseele einen neuen Leib geben, um die Person am Endheil auf der Erde teilnehmen zu lassen, oder sie ohne Rückgriff auf Reste des irdischen Leibes in einen engelgleichen Zustand versetzen, bzw. nur der Seele Vollendung gewähren. Einige Zeugnisse zeigten auch an solchen Konkretionen kein Interesse. In jedem Fall spielen die Gräber dabei keine Rolle, weil die Auffassung herrscht, dass der irdische Leib endgültig vergeht und Gott an seiner Stelle Neues schafft.«[128]

Deshalb hat die Verkündigung der Auferstehung oder Erhöhung Jesu in Jerusalem keinen Juden auf den Gedanken gebracht, nachzuprüfen, ob sein Grab auch wirklich leer ist. Aber diese Hintergründe werden von vielen Dogmatikern und Predigern bis heute ignoriert; deswegen legen sie ihren Lesern und Hörern nahe anzunehmen, Jesus sei »aus dem Grab auferstanden«.

a) Einige dieser frühjüdischen Verstehensvoraussetzungen seien angedeutet.

Vorweg: Alt-Israel interessierte sich für das kostbare Leben auf der von Gott geschenkten Erde, nicht für die Toten. Nach der altorientalisch verbreiteten Vorstellung dämmern die Totenseelen im Totenreich (Scheól) wie Schatten dahin (Jes 14,9ff; Ps 88,7–13; Koh 9,5f; Hiob 7,9; 10,21f; u. a.), nach anderer Auf-

fassung wird der Leib wieder zu Erdenstaub, aber die Lebens-
kraft, der Odem Gottes, kehrt wieder zu Gott zurück
(Ps 104,29; Koh 12,7).

Erst seit 200 v. Chr. beginnt sich das Frühjudentum, aus dem
Glauben an Gott (JHWH – »Ich-bin-da«: Ex 3,14) heraus und im
Ringen um Gerechtigkeit, an eine Hoffnung über den Tod hinaus
heranzutasten, und zwar in variantenreichen Vorstößen. »Wirst
du an den Toten Wunder tun?« fragt Psalm 88,11f noch tastend.
Und Psalm 139,8 meint schon: »Von allen Seiten umgibst du
mich, …stiege ich gen Himmel, so bist du da; bettete ich mich
bei den Toten, siehe, so bist du auch da.« Weisheitliche Beter
fragen: Lässt Gott seine »Gerechten« im Tod im Stich, so dass
die Übeltäter über ihre Opfer triumphieren? Und sie stoßen zu
der Gewissheit durch: Gott lässt die leidenden Gerechten im
Tod nicht im Stich; auch wenn ihnen »Leib und Sinne schwin-
den« (Ps 73,23–26), wird Gott sie oder ihre Seele im Tod »aufnehmen«, zu sich »entrücken«, die Verstorbenen sind »in Gottes
Hand« geborgen (Ps 49,16; 22,28–30; 63,4.9; vgl. Ijob 19,25–27;
später Weish 3,1ff; 4,7.10; 5,15).

Einflussreiche Psalmen denken also an *Entrückung/Erhöhung*
der Person bzw. der mit ihr identischen Totenseele *im* Tod in den
Himmel zu Gott, während der Körper im Grab vergeht. Das
Gleiche kann auch mit der – sonst verwirrend unterschiedlich
gebrauchten[129] – *Auferstehungs*-Vorstellung gedacht werden: Auferstehung der getöteten Märtyrer sofort *in* ihrem Tod in den
Himmel, mit einem von Gott neu geschaffenen Leib (2 Makk 7;
u. a.; vgl. Dan 12,4). Oder auch mit der Vorstellung einer von
Gott bewirkten *Unsterblichkeit der Seele* (Weish 3,1–4; 4,7–10;
Josephus, Bell 3,372.375; Philo). Oder mit einem *Nebeneinander*
von in der Erde vergehendem Leichnam und Auferweckt-/Er-

höht-Sein der Person bei Gott (Jub 23,31; äthHen 102–104; u. a.).[130]

Nach der überwiegenden Mehrzahl der Texte bleibt der Leichnam im Grab und verwest, und die Person lebt dennoch auferweckt oder erhöht/entrückt bei Gott. Auferweckung der Person oder ihre Entrückung im Tod durch Gott wurde gerade *ohne* Bezug auf die Gräber gedacht, ohne Öffnung und Leerwerden der Gräber; die Gräber haben keine Bedeutung. Zwischen alter und neuer Leiblichkeit gibt es einen Bruch, keine Kontinuität; man sieht die Identität der Person also *nicht* durch die Kontinuität der Leibesmaterie gewährleistet.[131]

Dass das Neue, das Gott schafft, und die erhoffte neue Leibhaftigkeit *total anders* verstanden werden müsste als der materiell-biologisch verfasste Körper, der im Grab verwest, deutet sich da und dort an (z. B. Tobit 12,19; äth.Henoch 15,7; 51,4; 104,4; syr.Baruch 51,9f; Talmud bBer 17a oder Mk 12,25: sie essen, trinken, heiraten nicht mehr). Leiblichkeit darf nicht einfach mit materieller Körperlichkeit gleichgesetzt werden. Es trifft nicht zu, dass die personale Identität nur durch eine Kontinuität der Leibesmaterie gewährleistet wäre; der im Grab liegende Leichnams ist für die Identität der auferweckten Person nicht relevant. Das werde ich im Schluss-Kapitel 5 genauer bedenken.

b) Was ergibt sich?

Die Behauptung, die jüdische und die urchristliche Auffassung von Leiblichkeit würde zwangsläufig ein leeres Grab erfordern, trifft also nicht zu. Nach damaliger jüdischer und urchristlicher Auffassung *musste* das Grab Jesu *nicht* leer sein.

So ist in den alten Osterbekenntnissen aus der Jerusalemer Urgemeinde, ferner bei Paulus und auch sonst im NT *nirgendwo* von einem leeren Grab die Rede, *außer* eben in den Evangelien, die mit der Kreuzigung und der *Grablegung* schließen und dann (in erzählerischer Logik konsequent) das uralte, urgemeindliche Bekenntnis zur Auferweckung Jesu eben im Zusammenhang mit dem *Grab* inszenieren.

Ob das Grab (oder die Grabablage) Jesu *faktisch* leer war, wissen wir nicht.[132] Im gesamten Urchristentum gab es keinerlei Anzeichen für eine Beachtung oder Pflege eines Grabes Jesu; dessen angebliche Entdeckung ist Sache einer späteren Zeit (Konstantins Mutter Helena).[133]

Manche Christen halten das leere Grab für wichtig[134]: das ist ihnen unbenommen. Aber der urchristliche Glaube an die Auferstehung Jesu *erfordert nicht*, dass das Grab leer war.[135] Das leere Grab ist kein notwendiger Bestandteil des christlichen Auferstehungsglaubens. Es gehört, wie gesagt, auf die Ebene der *Erzähllogik*: Mk schließt mit der Grablegung, weswegen er die ihm vorgegebene Osterbotschaft eben am Grab inszeniert und dem Verkündigungsengel in den Mund legt. Und es gehört auf die Ebene der *Metaphorik*: Das leere Grab ist ein nachträgliches, aber ungemein *starkes Bild-Zeichen* dafür, dass Jesus nicht vom Tod verschlungen ist, dass vielmehr gerade dort, wo nach menschlichem Ermessen *alles zu Ende* und durch den Grabstein besiegelt ist, von Gott her *etwas ganz Neues* geschieht: die neue, nicht wieder sterbliche Lebendigkeit Jesu in und aus Gott.

Nach *urchristlicher* Auffassung also musste das Grab Jesu nicht leer sein. Und nach einer *heutigen* theologischen Beurteilung?

Unsere Gräber werden ja nicht leer, auch nicht die Gräber von Heiligen. Warum sollte Gott singulär beim Menschen Jesus, wenn dieser wirklich Mensch ist (uns in allem gleich, außer der Sünde: Hebr 2,17f; 4,15; Konzil von Chalcedon), die Naturgesetze außer Kraft setzen, die er doch selbst hat entstehen lassen?

Gott hat seine Schöpfung in ihre Eigendynamik hinein frei gegeben und damit seine All-Macht begrenzt[136]. Er respektiert die physikalisch-biologischen Gesetze der Natur genauso wie die Freiheitstat des Menschen. Er greift *nicht willkürlich* da oder dort in die irdischen Prozesse ein, auch wenn wir das beklagen. Wenn er in und an irdischen Prozessen und Personen handelt, dann nicht unter Umgehung ihrer Eigengesetze, sondern vermittelt durch sie. So werden die physikalisch-biologischen Gesetze, die für Menschen gelten, auch im Tod Jesu nicht außer Kraft gesetzt: die sterblichen materiellen Überreste gehen über in andere organische Zusammenhänge. Paulus in 1 Kor 7,31: die materielle »Gestalt« der Welt »vergeht«, also auch die materiell-körperliche Gestalt des Daseins Jesu[137]. Etwas anderes anzunehmen, liefe auf eine Leugnung des wahren Menschseins Jesu hinaus.[138]

Die Überzeugung, dass Jesus auferweckt und in die Dimension Gottes erhöht ist, gründet nicht auf einem leer gefundenen Grab, sondern auf dem, was die frühe Bekenntnis-Aussage »er erschien« (1 Kor 15,3–5.7f) und dann auf ihre Weise die späteren Erscheinungserzählungen zum Ausdruck bringen wollen, also auf dem österlichen Selbsterweis des Auferweckten.

b) Erzählungen von Erscheinungen des auferweckt-erhöhten Jesus

Die frühe urgemeindliche Bekenntnistradition (1 Kor 15,3–5.6f) begnügte sich noch mit knappen Hinweisen auf das Dass (»er erschien dem Kephas« usw.). Selbst das MkEv um 70 n. Chr. hat noch keine Erscheinungserzählung, die dieses »er erschien« erzählerisch inszenieren würde. Es hat in seiner Grabesgeschichte nur das Bekenntnis »er ist auferweckt« erzählerisch inszeniert und dabei den Deute-Engel auf Erscheinungen in Galiläa nur *hinweisen* lassen: »dort werdet ihr ihn sehen«. So nahm Mk das »er ist erschienen dem Kephas usw.« der alten Bekenntnistradition (1 Kor 15,5–7; vgl. Lk 24,34) auf.

> Aber eine kleine Notiz über das unanschauliche »er erschien dem und dem«, die von punktuellen Erscheinungen des Erhöhten weiß, genügte dem Bedürfnis der Menschen nicht mehr. Das Verlangen nach Anschaulichkeit und Handgreiflichkeit brachte zunehmend Erzählungen voller eindrücklicher Vorstellungen hervor, die den Auferstandenen *auf Erden* auftreten, handeln und sprechen lassen; keine dieser Erzählungen gleicht der andern. Die Überlieferung wächst also kontinuierlich und in voneinander unabhängigen Ausmalungen. Das aber ist die veranschaulichende »Vorstellungsweise Späterer, die in keinem Fall selbst Osterzeugen waren.«[139]

Die Groß-Evangelien Mt, Lk, Joh (zwischen 80–100) inszenieren und veranschaulichen nun also auch das urchristlich vorgegebene Datum »er erschien dem und dem«, und zwar in vielfältigen, nicht harmonisierbaren Variationen; keine dieser Erzählungen gleicht der andern. Und wie es für *erzählende* Evangelien naheliegt, inszenieren sie das vorgegebene Datum (»er erschien«) in symbolisch-anschaulichen *Erzählungen*, welche dann in den Köpfen zu handfest-materialistischen Vorstellungen über den vermeintlichen Ablauf der Osterereignisse führten. Doch die Groß-Evangelien wollen damit gar *nicht* beschreiben, was *damals* (im Jahre 30) an Ostern exakt abgelaufen ist, sie wollen *vielmehr* Antwort geben auf existentielle *Anschluss-Fragen* der gläubigen oder glaubenswilligen Gemeinden ihrer *späteren Zeit* (zwischen 80 und 100 n. Chr.).

Lukas z. B. gibt mit der schönen *Emmaus*erzählung (Lk 24,13–35) Antwort auf die Frage seiner Gemeindemitglieder: Wo können *wir* heute den lebendigen Jesus erfahren? Seine Antwort: Wie mit Kleopas und seinem Begleiter, der möglicherweise bewusst namenlos bleibt (jede/r soll in ihn hineinschlüpfen können), geht der Herr auf unsern Wegen längst mit uns, noch ehe wir es bemerken.[140] Doch wenn wir in der Gemeinde zusammenkommen, dann ist *er* es, der uns die Schrift erklärt und uns das Brot bricht, und *dabei* können wir seiner Gegenwart inne werden; dabei wird uns *bewusst*, dass er – schon längst – da ist, und daraus schöpfen wir Kraft. Darauf kommt es Lk an.[141]

Deshalb kann in der Erzählung Jesus in dem Augenblick, wo die Emmausjünger ihn *erkennen*, aus dem Erzählgang »verschwinden« (Lk 24,31), und dieses Verschwinden löst überhaupt keine Enttäuschung, kein Bedauern bei den Jüngern aus: es ist das Verschwinden in die Dimension Gottes hinein, aus der er verborgen *gegenwärtig* ist und bleibt. »Herr, bleibe bei uns« (Lk 24,29): Ja, er *bleibt* bei uns (so auch Mt 28,20). Den Grund dafür entnehmen die Emmausjünger der urgemeindlichen Botschaft: »Der Herr ist wahrhaft auferweckt worden und dem Simon erschienen« (Lk 24,34).

Wenn die Emmauserzählung als ganze ein *Bericht* über ein Ereignis *damals* nach Karfreitag und Ostern hätte sein wollen, dann wäre sie ganz anders geschrieben worden, z. B. so, dass die Jünger enttäuscht waren und trauerten. Am Anfang der Erzählung sind sie ja traurig, aber nun, nach dieser *Erfahrung seiner verborgenen Gegenwart*, sind sie es nicht mehr.

Oder die Erzählung vom *ungläubigen Thomas* in Joh 20,24–29, die »ganz auf den Evangelisten zurückgeht«[142]. Diese Thomaserzählung will einerseits betonen, dass der Auferweckte mit dem (an »Händen und Seite« durchbohrten) Gekreuzigten *iden*-

tisch ist. Und sie will andererseits eine Frage der johanneischen Gemeinden um 100 n.Chr. beantworten, die der zweifelnde Thomas hier vertritt[143], die Frage nämlich: Waren die Urjünger damals privilegiert, durften sehen und mussten nicht glauben, während wir heute glauben müssen, ohne zu sehen? Die Thomaserzählung antwortet *nicht*: »Selig die nicht sehen, *sondern* glauben«; vielmehr antwortet sie: »Selig die nicht sehen *und doch* glauben«. D.h.: Die Ur-Jünger mussten auch glauben, ohne Glauben sahen sie nicht, sagt das JohEv, dem es auch sonst um das »Sehen« mit den Augen des Glaubens geht. Man sieht nur, wenn man für die Gegenwart Jesu, die sich selbst erschließt, aufnahmebereit ist (Kajaphas, Pilatus usw. sahen nichts). Und *wo* Jesu Gegenwart sich selbst erschließt, ist für das JohEv eindeutig: In der Gemeinde-Versammlung »am ersten Tag der Woche« (Joh 20,19 und 26) wird das *Wort Jesu* erinnert, in welchem er, der Auferweckte, selbst zu den Seinen »kommt« (Joh 20,19e). »Wer mich liebt, der wird *mein Wort* bewahren, und mein Vater wird ihn lieben, und wir werden *zu ihm kommen* und Wohnung bei ihm nehmen« (Joh 14,23).[144]

In diesen, in die spätere Gemeinde-Situation hinein gesprochenen, Inszenierungen der Osterbotschaft sind möglicherweise *auch Erinnerungen enthalten* an ursprüngliche Ostererfahrungen (etwa der Maria von Magdala), und möglicherweise auch Erinnerungen an frühe tastend-stammelnde Erklärungsversuche.

Es ist sehr wichtig, zu beachten, dass diese Erzählungen ganz bewusst mit *besonderen Stilmitteln* arbeiten. Sie arbeiten mit spannungsvollen, ja gegensätzlichen Aussagen, die sie in eine Schwebe bringen: geheimnisvolles Kommen *und* Verschwinden des Auferstandenen (bei Joh 20,19), Erscheinen des Auferstandenen *und* trotzdem Zweifel einiger Jünger (bei Mt 28,17; und

Lk 24,37f), »leg deine Hand in meine Seite« (Joh 20,27) *und* »rühr mich nicht an« (bei Joh 20,17).

So in der Erzählung von der (Erst-?) Erscheinung Jesu vor *Maria von Magdala* (Joh 20,11–18). Das ist eine besonders zarte Erzählung voller Symbolik (z. B. das viermalige Weinen, das zweimalige Sich-Umwenden[145]), eine Predigtgeschichte von einer Liebenden voll tiefer Trauer, die durch den Schleier ihrer Tränen hindurch etwas sieht und nicht weiß, was es ist, bis sie ihren Namen hört: Maria! Da kommt es aus ihr heraus: Rabbuni, mein Meister! Und sie hört ihn sagen: »rühr mich nicht an«, such mich nicht festzuhalten[146] wie etwas Greifbares, das kannst du nicht und *brauchst du nicht,* denn ich bin da, bin dir nahe, auch wenn du mich nicht festhalten kannst, und nun »geh und sag das auch meinen Brüdern« (20,18). Eine Predigtgeschichte von der exemplarisch Glaubenden und der ersten Apostolin. »Was Maria erlebt hat, ist jeder Zeit und überall da möglich, wo seitens des Menschen die *Voraussetzung* dafür gegeben ist: *die Liebe zu Jesus,* denn nur ihr erschließt sich wiederum seine Liebe«.[147]

Also besondere Stilmittel: gegensätzliche Aussagen wie »leg deine Hand in meine Seite« *und* »rühr mich nicht an«, die in die Schwebe gebracht werden! Es ist sehr wichtig, diese Stilmittel zu beachten und nicht etwas in die Texte *hinein*zulesen, was sie gar nicht sagen:

Nirgends heißt es etwa, dass *der ungläubige Thomas* seine Hand tatsächlich in die Seite Jesu gelegt hat; in der Handlungswelt (der realen Vorkommnisse) kommt dies gerade nicht vor, lediglich in der besprochenen Welt (der Zeichen), und dort wird es durch das gegenläufige »rühr mich nicht an« (Joh 20,17) aufgefangen und korrigiert. Es ist *nicht* an *körperlich-sinnliche* Wiederbelebung und Rückkehr zu handgreiflichen Beziehungen gedacht, sondern es ist abgehoben auf die Realität und die

Person-*Identität* des – als erhöht und neu lebendig – sich Bekundenden *mit* dem am Kreuz verwundeten und gestorbenen Jesus.

Diese Realität und Personidentität betont auch die an die Emmausgeschichte angehängte Erzählung *Lk 24,36–43*, in der Lk mit ganz drastischen Mitteln arbeitet und Jesus vor den Augen seiner Jünger ein Stück Fisch essen lässt[148].

Der Text beginnt damit, dass die Jünger in Furcht und Schrecken geraten, weil sie meinen, einen Geist, ein Gespenst zu sehen (Vers 37). Dazu muss man wissen, dass griechisch denkende Menschen sich die Begegnung eines Verstorbenen *nur* als Erscheinen von dessen Geist (Gespenst) vorstellen konnten; und nach dem griechischen Volksglauben *konnten Geister nicht essen*.[149] Also macht Lk ganz gezielt eine Geschichte, wo er den auferweckten Jesus schließlich vor den Augen der Jünger ein Stück gebratenen Fisch *essen* lässt, und mit diesem derben Realismus sagt Lk seinen griechischen Lesern: Ihr habt es nicht mit einem bloßen Geist (und Gespenst) zu tun, es ist der Herr ganz real und höchstpersönlich (›leibhaftig‹), der euch begegnet.[150] *Aber* vergesst nicht, was ich euch dazu vorher (in der Emmauserzählung) gesagt habe: nicht handgreiflich ist er da, sondern verborgen, und beim Abendmahl geht euch das auf.

Aber Buchstabengläubige werden mit solcher Sicht nicht zufrieden sein, sie möchten etwas Handgreifliches haben. Sie werden in Verkennung der Eigenart der Texte sagen: »da steht's doch!«

Man möchte sie auf die *Offenbarungskonstitution des Zweiten Vatikanischen Konzils* (1965) »Dei Verbum« (abgekürzt DV) hinweisen, wo vom Gotteswort im Menschenwort gesprochen wird: »Die heiligen Schriften *enthalten* das Wort Gottes«. »Da Gott in der Heiligen Schrift *durch Menschen nach Menschenart ge-*

sprochen hat (so mit Augustinus), muss der Schrifterklärer, um zu erfassen, was Gott uns mitteilen wollte, sorgfältig erforschen, was die heiligen Schriftsteller wirklich zu sagen beabsichtigten und was Gott mit ihren Worten kundtun wollte« (so DV Nr. 11–12). »Um die Aussagabsicht ... zu ermitteln, ist neben anderem auf die literarischen Gattungen zu achten« (denn »geschichtliche, prophetische oder dichterische« Texte haben je »verschiedenen Sinn«), weiter auf die »Bedingungen der Zeit und Kultur« usw. (so DV Nr. 24). Genau dazu bedarf es einer *offenen* (und nicht durch irgendwelche weltanschauliche Vorannahmen eingeschränkten) historisch-unterscheidenden Analyse, die das Sichtfeld nicht von vornherein einschränkt, sondern die Texte als Zeugnisse eines Dialogs von Gott mit den Menschen und als Einladung zur Fortführung dieses Dialogs ernstnimmt.

Exkurs: Wie können die »Erscheinungen« verstanden werden?

In der alten, aus der Jerusalemer Urgemeinde stammenden, kurzen Wendung (»er erschien dem Kephas usw.«), auf der die späteren erzählerischen Inszenierungen basieren, findet sich nichts von all den anschaulichen Details. Vielmehr lässt die Wendung »er erschien« das konkrete *Wie* der Oster-Erscheinungen im Dunkeln. Sie hält nur das *Dass* einer neuen (Erschließungs- oder Offenbarungs-) Erfahrung fest, welche bei den Jüngern zur *Erkenntnis* der Nähe und Lebendigkeit Jesu von Gott her führte und deshalb zur radikalen Wende in ihrem Leben.

In der heutigen Forschung gelten deshalb oftmals die »*Erscheinungen*« *als Auslöser* des Osterglaubens. Uneinigkeit besteht freilich darüber, wie diese zu verstehen sind bzw. welche Vorgänge sich hinter dem Ausdruck »erschienen« verbergen. Dazu gibt es zwei extrem gegensätzliche Positionen.

1. Gegensätzliche Positionen

(1) Auf der einen Seite traditionell *Buchstabengläubige*: Sie lesen die Erscheinungserzählungen wie Zeitungsberichte buchstäblich-wörtlich (was sie aber wegen der dann auftretenden Widersprüche nicht durchhalten können). Sie beharren also auf massiv *sinnlich-physischen Kontakten*: die Jünger haben Jesus mit ihren körperlichen Augen gesehen, haben seine Wundmale berührt, er hat vor ihnen gegessen. Damit verkennen sie die oben erwähnten Stilmittel, mit denen die Erscheinungserzählungen arbeiten.

Es führt in die Irre, wenn etwa Caravaggio in seinem Gemälde »Der ungläubige Thomas« einen fleischigen Jesus malt und einen Thomas, der seinen Finger in die klaffende Seitenwunde schiebt und guckt, ob es geht, und die andern Jünger dahinter gucken auch, ob es geht. Das Buch von *Glenn W. Most* »Der Finger in der Wunde. Die Geschichte des ungläubigen Thomas«[151] zeigt, wie die Thomaserzählung im JohEv aufgrund einer Fehllektüre mehr als eineinhalbtausend Jahre missverstanden wurde und wie das – künstlerisch großartige, theologisch aber irreführende – Gemälde »Der ungläubige Thomas« von Caravaggio (1573–1610) den Höhepunkt dieses Missverständnisses bildet.

Der Auferstandene ist nicht *so* bei seinen Jüngern wie der vorösterliche irdische Jesus: man kann ihn nicht berühren, man kann ihm nicht die Hand schütteln, man könnte von ihm kein

Foto machen; *er ist ganz anders gegenwärtig, aus der verborgenen Dimension Gottes heraus*, wie etwa die Emmauserzählung deutlich macht.

Doch traditionell Buchstabengläubige verstehen die Erscheinungen als übernatürliche Geschehnisse, welche die Naturgesetze außer Kraft setzten.

(2) Auf der andern Seite vertreten *Rationalisten* wie Gerd Lüdemann das gegenteilige Extrem, gehen von *rein natürlichen* Phänomenen aus und reduzieren alles auf bloße psychische Trauerverarbeitungsprozesse und Erkenntnisleistungen der Jünger: zu Ostern sei gar nichts passiert außer bloße *innere Trauerverarbeitung* der Jünger, die sich schließlich in *subjektive Visionen* hineingesteigert hätten.[152] Oder noch einfacher: die Jünger haben sich mit Tod und Abwesenheit ihres Meisters nicht abgefunden, haben miteinander diskutiert, in der Schrift gesucht und schließlich »Jesus in neuem Licht gesehen«.[153]

Das ist konsequent für solche Rationalisten, die von einer naturalistisch vollständig zu erklärenden Wirklichkeit ausgehen, für die daher »alles mit natürlichen Dingen zugehen« muss.[154] Lüdemann hatte sich in einem veröffentlichten Abschiedsbrief von Jesus und Gott verabschiedet. Andererseits gibt zu denken, was der Wissenschaftsphilosoph Ludwig Wittgenstein notiert hat: »An einen Gott glauben heißt sehen, dass es mit den Tatsachen der Welt noch nicht abgetan ist.«[155] Dass es mit den Tatsachen der Welt noch nicht abgetan ist, war für Israel, für Jesus und für seine Jünger klar. Nur unter der Voraussetzung der Existenz Gottes kann es etwas geben, was mehr ist, als die Natur vermag: also etwas über den Tod hinaus, Auferstehung, Selbstbekundung eines in Gott geborgenen Jesus. Und auch mitten im jetzigen Leben ein Einwirken Gottes auf für ihn offene Menschen.

Große Religionen und die Bibel gehen von einem derart umfassenderen Vorverständnis der Wirklichkeit aus. Und sämtliche Oster-Texte sprechen von Erfahrungen, die keine rein subjektiven Projektionen waren, von Erfahrungen vielmehr, welche die Jünger/innen *nicht rein selbst erzeugt* haben, sondern die ihnen (1) *widerfuhren* (überraschend und unerwartet), Widerfahrnisse, die sie (2) in *spontaner Evidenz* (ohne Meinungsverschiedenheiten oder lange Diskussionsprozesse) die neue Gegenwart des Gekreuzigten von Gott her annehmen ließen, Widerfahrnisse, die (3) ihre Vorstellungen *sprengten*, so dass sie Probleme hatten, von ihrer Erfahrung zu sprechen.

So jedenfalls sehen es die (von der Glaubensperspektive geprägten) Ostertexte. Aber kann die Möglichkeit bloß subjektiver und psychologisch vollständig erklärbarer Visionen ausgeschlossen werden? Spricht irgendetwas dafür, dass da mehr im Spiel war als subjektive Erzeugungen? Jedenfalls wird man unterscheiden müssen zwischen der *Außenperspektive* distanzierter (historischer, psychologischer usw.) Betrachter und der *Innenperspektive* der Betroffenen, die alle zuinnerst vom JHWH-Glauben und außerdem von Jesu Gott-Erschließung geprägt waren.[156]

Wie also sollen die Erscheinungen verstanden werden? Die beiden skizzierten gegensätzlichen Auffassungen (supranaturale Mirakel einerseits, rein naturale subjektive Imaginationen andererseits) gehen an den Texten vorbei. Was geben die Texte zu erkennen?

2. Was besagt die urgemeindliche Aussage »er erschien dem ...«?

Die früheste erkennbare Aussage im von Paulus in 1 Kor 15,3ff zitierten Bekenntnis lautet: »Christus erschien dem Kephas« usw. Damit hat die Urgemeinde auf *Offenbarungssprache* des AT zurückgegriffen, genauer auf einen fest geprägten Ausdruck für die Offenbarungsgegenwart Gottes: »Gott erschien dem Abraham« und anderen (Gen 12,7; 17,1; 18,1; 26,2; Ex 3,2; u. a.). Das hebräische Wort (ra´ah im Niphal) wird in der griechischen Übersetzung, der sog. Septuaginta (abgekürzt LXX), durch óphthä mit Dativ wiedergegeben, also »er ließ sich sehen«, »er erschien dem Abraham« und anderen.[157] Der jüdische Religionsphilosoph und Schrift-Verdolmetscher Philo von Alexandrien (circa 20 v. Chr. – 50 n. Chr.) erläuterte seinen griechischen Zeitgenossen in Ägypten dieses »der Herr erschien dem Abraham« (in Gen 17,1) folgendermaßen: »Meine nicht-körperlichen Augen könnten auf ihn stoßen«, denn »was die göttliche Erscheinung aufnimmt, ist das Auge der Seele«; dies geschieht »ohne sinnliches Licht«.[158] An etwas äußerlich-sinnlich-visuell Wahrnehmbares ist also eher nicht gedacht.

Vielmehr bezeichnet »Gott erschien dem …« die Offenbarung Gottes als *Einbruch Gottes in das Innere einer Existenz* und das *ganzmenschliche Ergriffensein* des Betroffenen. Diesen Ausdruck für Gottes Einbruch in das Innere einer Existenz (»er erschien«) greifen die Osterzeugen, greift die Urgemeinde auf, um die unfassliche neue Erfahrung mit dem am Kreuz Gestorbenen anzudeuten, sie zu buchstabieren und sie als eine Offenbarung zu charakterisieren, die alle gewöhnlichen Erfahrungen überschreitet, weil sie das Sich-Bekunden eines in die Dimension Gottes Eingegangenen sei.[159]

Darüber, welche eventuell *hebräische/aramäische Urform* in der Urgemeinde hinter diesem óphthä (»er erschien«) stehen könnte, sind wir durch die uns überlieferten Texte nicht unterrichtet. Der Bibelwissenschaftler Paul Hoffmann hat die eventuell ursprüngliche Bezeichnung für die ersten Ostererfahrungen auf einem indirekten Weg zu erschließen versucht und folgende *Hypothese* aufgestellt. Paulus hat es ja in Galatien mit judenchristlichen Gegnern zu tun, welche die Jerusalemer Ur-Apostel *gegen* ihn auszuspielen versuchten (er, Paulus, sei kein legitimer Apostel). Wenn Paulus also im Brief an die Galater (1,15f) schreibt, dass er die Gemeinde Gottes verfolgt und zu zerstören versucht habe, dass es Gott aber »gefiel, ihm seinen Sohn zu *offenbaren*« (griech. apokalýptetai, hebr. galáh), damit er ihn den Völkern verkündige, dann könnte Paulus hier ganz bewusst und gezielt das seinen galatischen Gegnern entscheidende Kriterium für die Legitimität der (gegen ihn ausgespielten) Jerusalemer Urapostel und damit die originäre Bezeichnung für deren Ostererfahrung angesprochen haben. Falls diese hypothetische Rekonstruktion stimmen sollte, dann hätte die ursprüngliche Rede der Urgemeinde beinhaltet, dass *Gott den Gekreuzigten als den schon gegenwärtig erhöhten (Menschen-) Sohn »offenbart« hat*,[160] zu dem die Urgemeinde »maran-athá« (= unser Herr komm!) rufen konnte.

3. *Das Selbstzeugnis des Paulus*

Paulus ist der einzige, von dem wir *Selbstzeugnisse* über seine eigene Ostererfahrung vor Damaskus (um 32 nC) besitzen. Er, der den irdischen Jesus nicht erlebt hat, die urchristlichen Gemeinden verfolgt hat, und von sich sagt, Christus sei zuletzt auch ihm »*erschienen*«, »wie einer Missgeburt« (1 Kor 15,8), geht damit von der qualitativen Gleichheit seiner Ostererfahrung mit derjenigen der Urjünger aus (1 Kor 15,11). Er tut das nicht ohne Grund, hatte er doch die wesentlichen Osterzeugen persönlich gekannt und mehrfach mit ihnen gesprochen (vgl. Gal 1,18f; 2,1–11).

Von seiner eigenen Ostererfahrung kann er aber auch mit anderen Wendungen sprechen. Wie angedeutet kann er in Gal 1,13–16 sagen, er sei Verfolger der Gemeinde Gottes gewesen, aber es »gefiel« Gott, »*in* ihm (innerlich)[161] seinen Sohn zu *offenbaren*«, damit er ihn den Völkern verkündige; er habe also das Evangelium »durch eine *Offenbarung* Jesu Christi« empfangen (Gal 1,11f). Diese Offenbarung kann er in 2 Kor 4,6 als »*innere Erleuchtung*« beschreiben (Gott »hat Licht leuchten lassen in unseren Herzen, so dass die Erkenntnis der Herrlichkeit Gottes auf dem Angesicht Jesu Christi aufleuchtete«).[162] Und im Philipperbrief charakterisiert er diese Offenbarung und Erleuchtung als »*Erkenntnis* Christi Jesu« (3,8): »nicht dass ich es schon ergriffen hätte …, doch ich jage ihm nach, weil ich von Christus Jesus *ergriffen worden bin*« (3,12). Und ehe er im 1 Korintherbrief das urgemeindliche, ihm vorgegebene »er erschien« auch für sich in Anspruch nimmt (1 Kor 15,8), kann er im selben Brief zuvor die Korinther erinnern: »*ich habe den Herrn gesehen*« (1 Kor 9,1). Was er damit konkret meint, sagt er nicht. Doch handelt es sich »nicht um einen empirisch verifizierbaren, sondern eher um einen visionären Vorgang, der sich nicht in der äußeren Realität, sondern in seinem Innern … abspielte«.[163]

Um eine Ahnung davon zu bekommen, was gemeint ist, kann es hilfreich sein zu beachten, dass Paulus sich berufen sah wie die Propheten (Gal 1,15: »der mich von meiner Mutter Leib an ausgesondert und durch seine Gnade berufen hat«, lehnt sich an entsprechende Aussagen in Jer 1,5 und Jes 49,1 an).[164] Paulus könnte also mit der Wendung »ich habe den Herrn gesehen« auf das *Berufungserlebnis des Propheten Jesaja* (6,1–8) anspielen, *eine Vision:*

»Im Todesjahr des Königs Usia *sah ich den Herrn* auf einem hohen, erhabenen Throne sitzen, und die Säume seines Mantels
füllten den ganzen Tempel.« Jesaja ist im Tempel. Aber was
sieht er denn »mit seinen Augen« (V.5) vom thronenden Gott,
wenn dessen Mantelsäume den ganzen Tempel ausfüllen, in
dem Jesaja ist? Nicht Gott, sondern Mantelsäume sieht er. We-
nige Zeilen später heißt es: der ganze Tempel »war voll
Rauch«, Rauch von den Opferfeuern, den Öllampen, den
Weihrauchfässern. Rauch sehen die andern im Tempel auch,
aber Jesaja »sieht« Gott bzw. seine Mantelsäume. *Gott,* von
dem Jesaja bisher nur vom Hörensagen wusste, *bricht in seine
Existenz ein und erschüttert ihn* durch und durch: »da erbebten
die Grundlagen der Schwellen« des Tempels, heißt es (V. 4).
Warum erbebt alles um Jesaja herum? Weil es in *ihm* bebt.
Und er sagt: »Weh mir, ich bin verloren, denn ich bin ein
Mensch mit unreinen Lippen – und *ich* habe den Herrn der
Heerscharen mit meinen Augen gesehen« (V.5). Jesaja hört
eine Stimme: »Wen soll ich senden, wer wird uns gehen?« Und
er antwortet: »Ich will's, sende mich!« (V.8). Der Einbruch
Gottes in seine Existenz hat alles verändert, hat ihn ganz zu
sich selbst gebracht, so dass er sagen kann: »*Ich will's,* sende
mich«. Jesaja war kein Psychopath, sondern erlebt eine starke
Gotteserfahrung, die die andern um ihn herum nicht machten, die aber Jesaja im Innersten erschüttert und verwandelt
zu einem, der sich senden lässt.

Falls Paulus sich mit dem »ich habe den Herrn gesehen« an
die Berufungsvision des Jesaja (Jes 6) anlehnt, will er dann
vielleicht sagen: *So ähnlich* war's bei mir vor Damaskus, als
Gott mir Christus offenbart hat? War es dann womöglich so
ähnlich auch bei Maria von Magdala und Petrus und den andern Urjüngern an Ostern? Vielleicht.

Viele Bibelwissenschaftler verstehen die Ostererscheinungen in der Tat als *Visionen*. Paulus war unbestreitbar Visionär[165], der »Erscheinungen und Offenbarungen« erlebt hat, auch eine sogar datierte Außer-Körper-Erfahrung (2 Kor 12,1–4[166]; Gal 2,2; vgl. Apg 26,16; 22,17 u. a.). Deswegen verstehen viele *seine* Ostererfahrung als Vision, und dann im *Rückschluss* auch die Ostererfahrungen der *Urzeugen* als Visionen. Dabei gibt es allerdings unterschiedliche Verstehensweisen.

4. Was besagen die Begriffe Visionen, Offenbarung, Selbsterweis?

Die einen verstehen die Oster-Visionen der Jünger als bloß selbst erzeugte, subjektive Visionen (s. o.). Die andern als Visionen, in denen die Jünger von etwas Außersubjektivem ergriffen werden und sich ergreifen lassen. Die dritten verstehen sie »als innerpsychische und von Gott gewirkte Tatsachen«[167]. Die vierten sprechen von der »Ursächlichkeit des auferstandenen und verklärten Christus, der aus der ihm eigenen Dimension von Gott offenbar gemacht wird«, sich aber »nur über die psychogenen Imaginationen« der Jünger wahrnehmbar machen kann.[168] Dann kann es heißen: »Die Ostererfahrungen der Jünger sind *theologisch* gesprochen wirklich und wahrhaft Erscheinungen des Auferstandenen, in denen Gott seinen Sohn offenbart hat (Gal 1,15). *Psychologisch* gesprochen sind sie jedoch zugleich Visionen, in denen die produktive Imaginationskraft der Jünger über das Unterbewusstsein die Anschauung des Auferstandenen konstituiert hat.«[169] Beides muss sich für Menschen, die sich von Jesus Gott erschließen lassen, nicht widersprechen. Wir hatten ja bereits darauf hingewiesen, dass die Innenperspektive der Betroffenen und die Außenperspektive distanzierter Betrachter zu unterscheiden sind.

Theologisch gesehen sind Visionen eine Möglichkeit, wie Gott in den Strukturen des Menschlichen zu Menschen reden könnte. Gott (bzw. der in die Dimension Gottes eingegangene Jesus) kann sich offenbaren über die psychogenen Imaginationen der Menschen. Wenn Gott in der Welt an Menschen handelt, dann nicht unter Umgehung ihrer Eigenmöglichkeiten, sondern mit ihnen und durch sie. Er bricht dann nicht in die Gesetze, Strukturen, Potenzialitäten der Welt ein und hebt sie auf, sondern er wirkt gerade durch sie, mit ihrer Hilfe und im Zusammenspiel mit ihnen. Dazu bedarf es auf Seiten der Menschen (hier der Jünger als Osterzeugen) einer Disposition, zumindest einer gewissen (vielleicht noch verdrängten, verschütteten?) inneren Offenheit, derart, dass sie Gott in ihrem Leben »zulassen«, ihn in ihr Leben »ein lassen«, auch dann, wenn es ihnen »gegen den Strich geht« (wie vielleicht bei Jakobus oder Paulus).

Visionen (und andere Grenzerfahrungen) begegnen in vielen Religionen[170]: *Unerwartete Intensiv-Erfahrungen*, in denen sich Transzendenz erschließt; Intensiv-Erfahrungen, in denen Menschen innerlich mit einer ganz anderen Dimension und Wirklichkeit in Berührung kommen, die alles trägt und alles übersteigt; Intensiv-Erfahrungen, die Außenstehenden nicht zugänglich sind und die das Leben der Betroffenen grundlegend veränderten.

Wie aber nun von Visionen betroffene Menschen die ganz andere, transzendente Dimension und Wirklichkeit wahrnehmen, mit welchen Bildern, Gefühlen, Gedanken, Interpretationen, das hängt *primär* von ihrer je eigenen Innenwelt ab, also wovon sie erfüllt und zutiefst geprägt sind. Das ist bei den Menschen ja sehr verschieden. Die Innenwelt der Jüngerinnen und

Jünger Jesu war geprägt vom Glauben und Hoffen des jüdischen Volkes, und sie war voll von den starken Erfahrungen mit Jesus, dem sie, Familie und Beruf verlassend, nachgefolgt sind, also vom Impuls seiner Person, seines Wirkens, seiner Reich-Gottes-Botschaft und von der darin steckenden Hoffnung. Sollten sie das alles nach Karfreitag einfach beiseite geschoben haben?

Das Besondere der *Oster*erfahrungen der Jünger läge dann darin, was in diesen österlichen Visionen *inhaltlich* erfahren wurde, nämlich die unerwartet neue, *evidente* Präsenz genau dieses Jesus aus der Transzendenz Gottes: Jesus, dem sie gefolgt waren und der am Kreuz gestorben war, erweist sich ihnen als in unfassbar neuer Weise Lebender (oder m. a. W.: als Auferstandener). Das war die »*inhaltliche Evidenz*, die sich durch die Ostererfahrung einstellte« und fortan lebensbestimmend wurde.[171] Das war ihnen *offenbar*. Es wurde ihnen offenbar in den österlichen Erscheinungen (Visionen), in denen ihre Vorprägungen durch die Erfahrungen mit Jesus, ihre produktive Imaginationskraft, die Bilder und Vorstellungen, die ihnen zur Verfügung standen und in ihrem Unterbewussten bereitlagen, *sich zu dem Ereignis verdichteten*, in dem Gott sich (bzw. Jesus als lebendig gegenwärtig) ihnen kundtat.

Aber diese Sicht wird doch nochmals als unzureichend in Frage gestellt, wenn wir beachten, dass der Herrenbruder Jakobus und Paulus ja gerade nicht von starken Erfahrungen mit dem irdischen Jesus geprägt waren. Jakobus hatte das Auftreten und die Botschaft seines älteren Bruders Jesus zu dessen Lebzeiten abgelehnt; und Paulus hat den irdischen Jesus nicht gekannt, hatte die Urchristen verfolgt, weil sie einen Gekreuzigten als Messias bekannten. Bei beiden, Jakobus wie Paulus, hat ihre Ostererfahrung also nicht einfach einen bereitliegenden Impuls aktiviert, sondern einen völligen Umschlag hervorgerufen. Das werden wir sogleich weiter zu bedenken haben, wenn wir (in Kapitel 4) der Frage nach der Entstehung des Osterglaubens nachgehen.

Außerdem bleibt fraglich, ob sich ein *Offenbarungsvorgang* (aus der Transzendenz), sei es ein prophetischer oder der österliche, im Sinne einer (auch Nichtgläubigen) *nachvollziehbaren* Vorstellung aufhellen lässt. Sucht man nämlich erklärend »hinter« diesen Offenbarungsvorgang zu kommen, so reduziert man ihn auf irgendwelche bestimmbaren vorgegebenen Faktoren und verfehlt so gerade das, was er doch grundlegend zu sein beansprucht, nämlich Offenbarung von unableitbar Neuem. Das aber können wir nicht als distanzierte Betrachter aus uns allen zugänglichen Erfahrungen herleiten.[172]

Jedenfalls sollte die Suche nach einem Verstehen der Ostererscheinungen nicht *unter* dem Niveau von sonstigen starken religiösen (etwa prophetischen oder mystischen) Erfahrungen bleiben. »Die Erfahrung des Auferstandenen, die in den österlichen Visionen ... gemacht wurde, muss eine aufwühlende, tief bewegende und alles erschütternde Erfahrung gewesen sein«.[173] Sie wäre zu verstehen als das unverfügbare ›Ereignis‹ einer tiefen Erfahrung von Gott her bzw. von dem aus Gott lebendig gegenwärtigen Herrn her, der sich in ihrer Existenz von neuem geltend machte und alles verändert hat. Oder nochmals anders gesagt: als das überraschende ›Wunder‹ einer (von Gott gewirkten) inneren, den ganzen Menschen erfassenden Erfahrung und evidenten Erkenntnis (Offenbarung): der getötete Jesus ist lebendig gegenwärtig.

So etwas können heute natürlich viele nicht für möglich halten, weil sie selbst (oder ihnen Bekannte) etwas Ähnliches bisher noch nicht erlebt haben. Wie soll man auch so etwas wie religiöse Erfahrung annehmen oder gar davon sprechen, ohne selbst je auch nur entfernt eine tiefere innere Erfahrung gemacht zu haben?

Freilich: Alles, was wir im NT an Zeugnissen haben, ist *nachträgliche* Verbalisierung und Interpretation einer *genuinen* Erfahrung, des unversehens widerfahrenden Angesprochenseins von einem Du/Gegenüber, das *da* ist, des Erlebens von etwas Unsagbaren, das sich nicht einfach auf Wunsch (nach Bedarf) wiederholen oder reaktivieren lässt.[174]

4. Kapitel:
Wie kam es zur Entstehung des Osterglaubens?

In der Forschung besteht weitgehend Konsens darüber, dass der Karfreitag für die Jünger eine wirkliche Sinn-Krise war. Darüber aber, wie tiefgehend diese Krise (der »Ostergraben«) war und wodurch sie überwunden werden konnte, gibt es unter den Forschern unterschiedliche Meinungen, jeweils mit einer gewissen Bandbreite.

Die einen halten die Krise für derart tiefgehend, dass sie den Abbruch des vorösterlichen Glaubens der Jünger bedeutete, die Jünger also für die Entstehung des Glaubens an die Auferstehung Jesu eines neuen Impulses bedurften: der Erscheinungen des Auferstandenen (oder gar eines leeren Grabes); sie betonen also den Bruch.

Die andern sehen eine Kontinuität zwischen Jesu Wirken sowie den von ihm geweckten Hoffnungen einerseits und dem nachösterlichen Glauben der Jünger andererseits. Der Glaube an die Auferstehung Jesu könnte also entstanden sein durch Rückgriff auf Erfahrungen der Jünger mit dem irdischen Jesus und ohne ein außergewöhnliches Ereignis nach Karfreitag. Kurz: Es liege an Jesus selbst, an seiner Einmaligkeit und dem von ihm gestifteten Glauben, dass er über seinen Tod hinaus Glauben findet.[175]

1. Erklärungsversuche ohne ein besonderes neues Ereignis nach Karfreitag

Historisch-genetische Erklärungsversuche der Entstehung des Osterglaubens (von David Friedrich Strauß 1836 bis zu Gerd Lüdemann 1995) wollen ohne ein besonderes, den Osterglauben auslösendes Ereignis nach Karfreitag auskommen und den Osterglauben allein aus vorösterlichen Vorgaben und aus Reflexionsprozessen der Jünger erklären.[176]

Einen profilierten neueren Versuch dazu hat *Ulrich B. Müller* (1998) vorgelegt, der paradigmatisch ist für die Sicht mancher heutiger Exegeten. Ulrich B. Müller geht es um eine konsequent historische Betrachtung der Entstehung des Osterglaubens.[177] Er wendet sich gegen solche Exegeten, die – unter Dramatisierung der Jüngerkrise an Karfreitag – »allzu schnell« einen dem Karfreitag nachfolgenden, zusätzlichen, als göttlicher Eingriff bzw. Offenbarung begriffenen Impuls annehmen, was »letztlich doch eine analogielose bzw. übernatürliche, d. h. eben nichthistorische Lösung der Problematik nahelegt« (8), mit der Folge, »dass der Osterglaube, historisch betrachtet, nur als völliges Rätsel erscheint, das allein die theologische Einsicht aufzuhellen versteht« (9). Deshalb will er die Suche nach einem besonderen, ja außergewöhnlichen Anstoß nach Karfreitag, der »im einzelnen historisch nicht zu verifizieren ist«, »ersetzen« durch die »Frage nach der Möglichkeit historischer Kontinuität« (21f), d. h. durch die Suche nach vorösterlich gegebenen Voraussetzungen, die eine nachhaltige Wirkung auf die Jünger hatten und sie befähigten, die Krisenerfahrung des Karfreitags so aufzuarbeiten, dass sie zum Glauben an die Auferstehung Jesu als eschatologischem Ereignis durchstießen (19, 45, 68).

Dafür »im wahrsten Sinne grundlegend war die Neuheitserfahrung« und Überschusserfahrung vom Anbruch des endzeitlichen Reiches Gottes im Wirken Jesu (69f). Jesus habe in den Jüngern die Überzeugung geweckt, dass die an sich bloß punktuellen Ereignisse seiner Krankenheilungen und Tischgemeinschaften Ausdruck des endzeitlichen Herrschaftsantritts Gottes mitten unter ihnen waren (29, 78). Unter dem überwältigendem Einfluss dieses Wirkens Jesu standen die Jünger, als sie die Krisenerfahrung seines Todes machen mussten (9).

Außerdem habe Jesus kurz zuvor beim letzten Mahl mit seinen Jüngern in verhüllter Form seinen Tod und zugleich die Gewissheit zum Ausdruck gebracht, dass trotz seines Todes Gott seine Herrschaft in Bälde durchsetzen und er selbst als irdischer Repräsentant der Gottesherrschaft vollendet werde (36–47). So Mk 14,25: »Ich werde nicht mehr von der Frucht des Weinstocks trinken, bis ich neu davon trinken werde im Reiche Gottes« (daneben die rätselhaften Worte Lk 13,31f und 12,49f).

Das alles konnte die Reflexion der Jünger nach Jesu Tod stimulieren und traditionelle frühjüdische Deutungsmuster im Blick auf den Tod Jesu aktivieren (die apokalyptische Hoffnung auf endzeitlich-kollektive Totenauferstehung der Gerechten; die martyrologische Hoffnung einer individuellen Auferstehung unmittelbar nach dem Tod in den Himmel; die Vorstellung vom leidenden, getöteten Gerechten, der durch Gott himmlisch erhöht und rehabilitiert wird).[178] Das provozierte in ihnen die Überzeugung, dass Gottes Herrschaftsantritt gerade in der Auferstehung als eschatologischer Heilswende wirksam wurde (78).

Die eigentliche Erkenntnis der eschatologischen Auferstehung Jesu aber erfolgte in einem reflexiven Deutungsprozess, der sich in Visionen verdichtete (12–19; 45f; 61–71). Psychologische Erwägungen ergeben für Müller folgende Sicht: Wegen der mit Jesus gemachten Heilserfahrung trat mit seinem Tod bei den Jüngern eine tiefe Erfahrung der Differenz oder »kognitiven Dissonanz« (L. Festinger) ein, die zur Auflösung drängte, mit der Gefahr totaler Enttäuschung und Depression. Doch es bestand eben »auch die gegenteilige Möglichkeit«. Diese hätten die Jünger »gewählt, weil sie immer noch ergriffen waren von der sich im Wirken des irdischen Jesus bereits realisierenden Herrschaftsmacht Gottes, der auch den Tod zu überwinden vermag« (45). So wird *ihr Trauerprozess* nicht regressiv, sondern *endet überraschend kreativ in einer »Bewusstseinserweiterung« und »Schau des Auferstandenen«*. »Diese kontingent bleibende Verarbeitung der Krisenerfahrung des Todes Jesu artikuliert sich im Medium visionärer Kommunikationen. In ihnen verdichtet sich jener Reflexionsprozess, der mit dem Negativerlebnis des Todes Jesu einsetzen musste« (68). Visionäre Erfahrungen der Jünger seien nämlich durchaus *»historisch möglich«* in dem eschatologisch erregten Milieu Palästinas, in dem Seher »immer wieder« beanspruchten, Gesichte geschaut, Offenbarungen empfangen, Himmelsreisen unternommen zu haben (14; 18; 63 mit Verweis auf drei Stellen: Lk 10,18; 2 Kor 12,1; Offb 1,10f). Und am Zustandekommen von Visionen seien ja stets Reflexionen und vorgegebene Deutungsmuster beteiligt, deren Elemente zu neuen Konfigurationen mutiert würden (46; 68).

»Was nun in neuzeitlicher Perspektive als Produktion des menschlichen Bewusstseins gedacht wird …, begegnet in Schilderungen antiker Texte als Offenbarung. Anders ausgedrückt: Was im Kontext historischer Betrachtung nur (sic!) als Reflexionsprozess betroffener Menschen erklärt werden kann, der sich in visionären Kommunikationsformen verdichtet, beschreiben antike Berichte als plötzliches Epiphaniephänomen, das den Menschen geradezu ›überfällt‹, ihn mit unwiderstehlicher Notwendigkeit ergreift« (45).

Soweit in Grundzügen Müllers Rekonstruktionsversuch. Müller nimmt Argumente früherer Versuche auf, fügt gute Beobachtungen hinzu und kommt so zu einer in gewisser Weise beeindruckenden Sicht. Insbesondere die von ihm betonte Singularität des irdischen Wirkens Jesu und das überraschend Neue der durch ihn vermittelten realen Heilserfahrung (mit möglichen Nachwirkungen über den Karfreitag hinaus[179]) muss ganz ernst genommen werden.

2. Kritische Rückfragen

Doch es bleiben gravierende Rückfragen. Wer die Entstehung des Osterglaubens rein aus vorösterlichen Vorgaben und Verarbeitungsprozessen der Jünger erklären will, muss einerseits diese überbetonen (z. B. aus rätselhaften Worten eindeutige »Vollendungsankündigungen« Jesu herauslesen oder von drei Stellen im NT auf damals »immer wieder« vorkommende Visionen schließen), und er muss andererseits alles, was in den frühchristlichen Zeugnissen für einen tiefgreifenden Bruch im Jüngerglauben und gegen von selbst wiedergefundenen Glauben spricht, relativieren und zu entkräften suchen,

So sagt Müller, um die Karfreitagskrise zu entschärfen, z. B. (10): »Nichts berechtigt« zur Annahme, die frühjüdische Deutung von Dtn 21,22f, Gekreuzigte seien Verfluchte Gottes (11QTempelrolle 64: »Gekreuzigte sind Verfluchte Gottes und der Menschen«; u. a.[180]), habe auch auf die Jünger durchschlagen müssen. Müllers an sich richtiger Hinweis, dieses Fluchurteil von Dtn 21,22f gelte nicht den vielen *unschuldig* Gekreuzigten, übersieht aber, dass Jesus ja von der religiösen Obrigkeit als todeswürdig verurteilt und bei Pilatus als Aufrührer angeklagt wurde.[181] Musste deshalb der Kreuzestod Jesu nicht zu tiefer Irritation der Jünger führen? Selbst wenn man meint, dieses Verständnis des Kreuzestodes »Gekreuzigte sind Verfluchte Gottes« für die jüdische Öffentlichkeit um 30 nC noch nicht voraussetzen zu dürfen, ein auf Betreiben der eigenen Religionsbehörde von den Römern Gekreuzigter konnte für diese Öffentlichkeit schwerlich der Messias sein. Und das sollte die Jünger in ihrem Glauben unberührt lassen? Einen Paulus jedenfalls hat es zum harten Verfolger der Urchristen gemacht.

Gewiss werden die Jünger, nachdem ihnen das Schreckliche des Karfreitags zunächst die Sprache verschlagen hatte, auch über das Geschehene gesprochen haben. Nirgendwo aber findet sich im NT auch nur der geringste Hinweis auf gemeinsame Aufarbeitungs- und Reflexionsprozesse, die schließlich ihre Lösung im gemeinsamen Auferstehungsglauben gefunden hätten. Vielmehr wird – von den frühen Formeln über Paulus bis zu den späteren Ostererzählungen – durchweg das Unerwartete einer neuen, nicht einfach selbst erzeugten Erfahrung, der Widerfahrnischarakter einer überraschenden Begegnung/Selbstbezeugung (des Getöteten als »Lebenden«) betont, die den Osterglauben auslöste. Kann man das alles nur auf die Seite der Glaubensdeutung (durch die Urzeugen oder später durch Mk usw.) verbuchen, ohne jeden historischen Erinnerungswert, also ohne wirkliches Widerfahrnis? Da erscheint Müllers Rekonstruktion doch wieder, auch historisch betrachtet, zu einseitig und zu glatt.

Von vornherein räumt er alles Diskontinuierliche weg: Die Annahme eines Zusammenbruchs des Jüngerglaubens an Karfreitag und eines ›völligen Umschwungs ihrer Stimmung‹ an Ostern (so Martin Dibelius) »könnte … eine historische Legende sein, die die Diskontinuität auf Kosten der Kontinuität einseitig betont« (22). Müller selbst votiert freilich seinerseits ganz und gar einseitig: »*Der einzig (sic!) plausible Grund* ihres ›Auferstehungsglaubens‹ ist ihre *bereits durch Jesus real vermittelte Sicht* vom Herrschaftsantritt des Gottes, der seine Macht gegenüber allen Negativgewalten dieser Welt durchsetzt« (79). Dass es faktisch nicht zur totalen Depression und zum Aufgeben der Sache Jesu kam, sondern zu dem geradezu explosiven österlichen Neuanfang, erklärt sich das wirklich zureichend als die von den Jüngern historisch kontingent angeblich »gewählte« »gegenteilige Möglichkeit« (45)? Kann ihre angeblich zufällige »Wahl«

die überraschende Einmütigkeit und erstaunliche Dynamik des österlichen Neuanfangs erklären? Ist umgekehrt die neutestamentliche Behauptung eines neuen Widerfahrnisses (jenes »*er erschien dem* Kephas und den Zwölfen, dem Jakobus und allen Aposteln«, usw.), also eines nicht selbst erzeugten, eines divergierende Tendenzen unter den Jüngern zentrierenden Neuanstoßes, historisch betrachtet, so abwegig und undenkbar? Muss man einen »außergewöhnlichen Anstoß nach Karfreitag«, auch wenn manches *für* ihn spricht, ausschließen, weil er »analogielos« und »im einzelnen historisch nicht zu verifizieren ist« (21)?[182]

Es geht doch, anders als Müller meint, gar *nicht* um das »*Postulat eines letztlich übernatürlichen Eingriffs von außen*« (16). Vielmehr geht es bei der Annahme von so etwas wie »Offenbarung« (ob bei Mystikern in Religionen, bei Israels Propheten, beim Galiläer Jesus oder zu Ostern) um die grundlegende Frage, wie ein Einwirken Gottes in dieser von ihm in ihre Eigendynamik freigelassenen Welt, zumal in der Lebensgeschichte von Menschen sich denken lasse. Sicher nicht im Schema »übernatürlicher Eingriff von außen«, sondern im Medium von Menschen, die für ihn in irgendeiner Weise offen sind, selbst wenn es ihnen »gegen den Strich geht«.

3. Die radikale Kehrtwendung des Jakobus und des Paulus

Ein gravierender Aspekt wird zumeist nicht bedacht. Für Müller und andere setzt sich bei den Jüngern zu Ostern der Impuls und Impetus des Wirkens Jesu durch (der »Überschuss« an Heilserfahrung und an Hoffnung). Das kann möglicherweise für die Jünger gelten, die mit Jesus vor Karfreitag mitgewandert und von ihm fasziniert waren (also für Petrus und andere), nicht aber für den Herrenbruder Jakobus und für Paulus. Wolfgang Schrage hat mit Recht bemerkt: »Beide zusammen warnen ... davor, die Bedeutung der Jesusgeschichte für die Entstehung des Osterglaubens zu überschätzen«.[183] Genau das wird viel zu wenig beachtet und bedacht.

Der *Herrenbruder Jakobus*[184] war nach dem Tod des Vaters Joseph und nach dem Fortgang Jesu (zum Täufer am Jordan, später an den See Genezaret) als der dann älteste Sohn Marias (Mk 6,2–3) das Oberhaupt der Familie. In einer unverdächtigen Mitteilung lesen wir, dass Jesu »Mutter und seine Brüder« von Nazaret hinunterkamen nach Kapernaum am See, um Jesus nach Hause zurückzuholen, weil sie ihn für »verrückt« hielten (Mk 3,21 und 31); hatte man doch über ihn gehört, dass er von sich als Bringer der Gottesherrschaft sprach, Sünden vergab, sich mit Randexistenzen der jüdischen Gesellschaft umgab. Um größeres Unheil zu verhüten, beschloss die Familie, ihn aus dem Verkehr zu ziehen. Die Aktion scheitert, man kehrt ohne ihn zurück; Jesus gab ihnen zu verstehen, dass er seine neue Familie in denen sieht, die »den Willen Gottes tun«. (Mk 3,31–35). Damit war der Bruch besiegelt. Die Familie wie sein ganzes Heimatdorf Nazaret (vgl. Mk 6,1–6) hatten die Verbindung zu Jesus abgebrochen und lehnten ihn ab. Deshalb ist vom Familienclan auch niemand in den Jerusalemer Tagen bei Jesu Kreuzigung und Grablegung dabei.[185] Doch dann kommt eine unerwartete Wende: Jakobus hat seine Ostererfahrung, und die *muss so stark gewesen sein*, dass er seine ablehnende Haltung gegenüber Jesus völlig revidierte und selber von Nazaret wegging: über 100 km nach Jerusalem, zur Urgemeinde. Und dies nicht er allein, sondern mit ihm die Mutter Maria und die andern Brüder

Jesu[186]: sie alle verließen geschlossen die angestammte Heimat Nazaret, gaben damit auch ihre wirtschaftliche Existenzgrundlage auf[187], zogen hinauf nach Jerusalem und schlossen sich der Jerusalemer Urgemeinde an, wie Apg 1,14 (und 1 Kor 9,5) zu entnehmen ist.[188] Was hat diese radikale Kehrtwendung des Jakobus (und mit ihm der Familie) bewirkt?[189] Die urgemeindliche Formel sagt: Es war jenes »Christus erschien dem Jakobus« (1 Kor 15,7), eine umstürzende Erfahrung, doch wohl in Nazaret.

Man muss sich das alles schon vor Augen führen, um zu erahnen, was diese radikale Kehrtwendung im Leben des Jakobus (samt der Mutter und der andern Brüder Jesu) ausgelöst haben könnte.

Gab es Kommunikationsprozesse? Hat Jakobus von den Jüngern (aus dem über 100 km entfernten Jerusalem, oder aus dem näheren Kapernaum, falls Jünger dorthin »geflohen« waren) gehört, was bei ihnen, mit ihnen geschehen war? Das ›Wunder‹ einer neuen Offenbarung und Erkenntnis?

Und *Paulus*?[190] Geboren als Saulus um 2 nC in Tarsus (Kilikien), vom Vater her Pharisäer und römischer Bürger, Pharisäer-Studium in Jerusalem und Beruf eines Zeltmachers. Nach eigener Aussage hat er »früher als gesetzestreuer Jude gelebt«, mit Eifer für die Tora und die Überlieferungen der Väter, hat die christlichen Gemeinden »maßlos verfolgt und zu vernichten gesucht« (Gal 1,13f; Phil 3,5f; vgl. Apg 7,54–8,3; 9,1ff). Wahrscheinlich sah er den aus seiner Sicht zu Recht gekreuzigten Jesus als einen von Gott »Verfluchten« an (so Gal 3,13 gemäß Dtn 21,22f). Und dann (um 32) auf dem Weg nach Damaskus, um die dortige judenchristliche Gemeinde auszulöschen, ein *unerwartetes Widerfahrnis* und *die radikale Wende*:[191] Was ihm bis dahin lebenswichtig, »Gewinn«, war, sieht er plötzlich als »Verlust« an, »weil die Erkenntnis Christi Jesu, meines Herrn, alles übertrifft«; »nicht dass ich es schon ergriffen hätte …, aber ich jage ihm nach, ob ich es wohl ergreifen möge, weil ich *von Christus Jesus ergriffen* worden bin« (Phil 3,7f.12). Gott »gefiel es, seinen Sohn *in mir zu offenbaren,* damit ich ihn unter den Heiden verkündigen sollte« (Gal 1,16). »Nicht mehr ich lebe, Christus lebt in mir«, kann er, der Christusmystiker, dann sagen (Gal 2,20).

Von da an lebt er nur noch dem Evangelium Jesu Christi, agiert zunächst von Antiochien in Syrien aus, dann von Korinth und Ephesus aus als rastloser Missionar in fremden Gegenden, gründet Gemeinden, lebt in ganz neuen Bezügen, erfindet um 51 – weil als Unruhestifter aus Thessaloniki ausgewiesen und so von seiner neugegründeten Gemeinde getrennt – mit dem ersten Thessalonicherbrief den Gemeindebrief, scheut keine Mühe und Gefahr, erleidet (wie er in 1 Kor 4,9–13; 2 Kor 4,8–12; 6,4–10; 11,24–28 erwähnt) auf seinen schier endlosen Fußmärschen nicht nur Hunger, Durst, Kälte, sondern auch Auspeitschungen, Steinigung, Gefängnis, Bedrohung durch eigene Volksgenossen wie durch Heiden, wird später bei einer Jerusalemreise zur Überbringung von Kollekten für die arme Urgemeinde dort (vgl. Röm 15,26f; 2 Kor 8f) auf Veranlassung jüdischer Behörden gefangen genommen, schließlich zum Prozess nach Rom verbracht und findet wahrscheinlich um 62 unter Nero den Märtyrer-Tod (vgl. 1 Klem 5,7) [192].

Noch einmal: Man muss sich das alles vor Augen führen, um zu erahnen, was diese *radikale Kehrtwendung* im Leben der Zeugen, zumal des Jakobus oder des Paulus, ausgelöst haben könnte.

4. Eine begründete mögliche Sichtweise

Zunächst vorweg: Wir wissen nicht, was die Osterzeugen genau erlebt haben. Sie sprechen alle nur vom *Inhalt* des Erlebten (der am Kreuz Gestorbene erweist sich als ganz neu lebendig gegenwärtig) und von dem, was das in ihnen ausgelöst hat. Sie sprechen nur vom *Dass* einer neuen Erfahrung, nicht vom *Wie*; dieses interessiert sie nicht. Aber uns neuzeitliche Betrachter, die für alles nachvollziehbare, natürliche, psychologische Erklärungen suchen, interessiert, wie und wodurch es dazu gekommen sein könnte, dass sie nach Karfreitag an Jesu Auferstehung und neue Präsenz glaubten.

Mit erstaunlicher Sicherheit hatte Ulrich B. Müller erklärt: »Was nun in neuzeitlicher Perspektive als Produktion des menschlichen Bewusstseins gedacht wird ..., begegnet in Schilderungen antiker Texte als *Offenbarung*. Anders ausgedrückt: Was im Kontext historischer Betrachtung *nur (sic!) als Reflexionsprozess* betroffener Menschen *erklärt werden kann*, der sich in visionären Kommunikationsformen verdichtet, beschreiben antike Berichte als plötzliches Epiphaniephänomen, das den Menschen geradezu ›überfällt‹, ihn mit unwiderstehlicher Notwendigkeit ergreift« (45). Und: »Der *einzig (sic!) plausible Grund* ihres ›Auferstehungsglaubens‹ ist ihre bereits durch Jesus real vermittelte Sicht vom Herrschaftsantritt des Gottes, der seine Macht gegenüber allen Negativgewalten dieser Welt durchsetzt« (79).

Wer sagt, was antike Texte als Offenbarung verstehen, könne neuzeitlich »*nur* als Reflexionsprozess« der Betroffenen erklärt werden, und die durch Jesus vermittelte Sicht sei »der *einzig plausible* Grund ihres ›Auferstehungsglaubens‹«, unterscheidet zwar antike und neuzeitliche Betrachtungsweise, aber nicht von dieser neuzeitlich-distanzierten *Außen*perspektive die *Innen*perspektive Betroffener mit ihrer Evidenz (damals *und* heute). Er argumentiert also aus einer weltanschaulich vorgefassten Position heraus, aus einer Vorentscheidung heraus, die andere Faktoren und die Möglichkeit wirklicher neuer Offenbarung von vornherein ausschließt.[193]

Nun muss – darin haben Müller und andere (R. Pesch 1973, P. Hoffmann 1979, J. Becker 2007, M. Theobald 2013) unbestreitbar Recht – für die Entstehung des Osterglaubens die Singularität des irdischen Wirkens Jesu und das überraschend Neue der durch ihn vermittelten realen Heilserfahrung ganz ernst genommen werden.

Jesus hatte ja mit einem ungewöhnlichen Sendungsbewusstsein das schon gegenwärtig beginnende Wirken der Gottesherrschaft verkündet und es erlebbar gemacht, vor allem in seinen Krankenheilungen und in seinen offenen, gerade auch Ausgegrenzte hereinholenden Mahlgemeinschaften, die Ausdruck der Festfreude waren, wie das jüdische Volk sie für die Endzeit erwartete (vgl. Jes 24,23f.; 25,6; Ps 22,27.29; sowie Jesu Seligpreisungen der Armen, Hungernden, Dürstenden). Und Jesus hat – seine Gleichnisse vom Senfkorn oder der »von selbst« (Mk 4,28) wachsenden Saat zeigen es (Mk 4,30–32; 4,3–8.26–29; Mt 13,33par) – ein »unerschütterliches Vertrauen in die Durchsetzungskraft der Gottesherrschaft« vorgelebt[194]. Das hat auch die Jünger getragen. Im Angesicht der tödlichen Bedrohung hat er mit ihnen ein letztes Mahl gefeiert und dabei in dem als authentisch geltenden Spruch Mk 14,25 seine Überzeugung geäußert: »Amen, ich sage euch: Ich werde nicht mehr von der Frucht des Weinstocks trinken, bis ich neu davon trinken werde im Reich Gottes.« Damit hat er einerseits die Gewissheit seines baldigen Todes angedeutet, andererseits aber auch die Hoffnung, dass er – wie die gestorbenen Erzväter (Mt 8,11par. Lk 13,28f) [195] – trotz seines Todes am endzeitlichen Festmahl in der endgültigen Gottesherrschaft teilnehmen werde. Er hat also erwartet, die endzeitliche Gottesherrschaft werde sich trotz seines Todes weiter durchsetzen, weil mit ihr Gott selbst am Werk ist [196]. Kann man also sagen: »Jesus hatte seine Jünger auf sein Ende vorbereitet, ihren Glauben an das Weiterwirken der Gottesherrschaft gefestigt, und für sein postmortales Ergehen Hoffnung verbalisiert«, an die sie anknüpfen konnten? [197]

Ob die Jünger in der gespannten, bedrückenden Situation des letzten Mahles das voll realisiert haben, darf man fragen. Jedenfalls wird, nachdem Jesu Tod tatsächlich eingetroffen war, dieser Hinweis sie nicht mehr losgelassen haben. Das konnte bei Petrus und andern Jüngern psychische und reflexive Prozesse sowie eine gespannte Bereitschaft auslösen, ein Eingreifen Gottes zu erwarten, das Jesus retten und rehabilitieren werde. Dass sie aber von solcher Bereitschaft und von der Möglichkeit eines derartigen Eingreifen Gottes zur gewissen, festen Überzeugung davon kamen, das hängt mit einem neuen Ereignis zusammen: mit dem (überraschenden) Ereignis oder Wunder einer (von Gott gewirkten) inneren, den ganzen Menschen erfassenden Erfahrung und evidenten Erkenntnis (Offenbarung): der getötete Jesus ist lebendig gegenwärtig.

Erst diese *Evidenz* eröffnete ihnen die Möglichkeit, seinen Tod und seine Rettung zu deuten durch Rückgriff auf den Märtyrertod eines leidenden Gerechten, den Gott in seinem Tod oder unmittelbar nach seinem Tod erhöht, also rettet und rehabilitiert. [198] Anton Vögtle hat mit guten Gründen geurteilt, es könnte »das Theologumenon vom leidenden und zu verherrlichenden Gerechten sehr wohl den grundlegenden Verstehenshorizont abgegeben haben, um den Glauben an ein Eingreifen

Gottes zu artikulieren«.[199] Wohlgemerkt: um den (durch eine neue Erfahrung ermöglichten) Glauben an ein Eingreifen Gottes »zu artikulieren«, nicht ihn aus jenem vorgegebenen Verstehenshorizont herzuleiten.

Zumal der Fall Jakobus und der Fall Paulus sprechen dagegen, dass es nach Ostern *ohne* ein neues (wie immer zu deutendes) außergewöhnliches Ereignis zum Glauben an die Auferweckung/Erhöhung Jesu gekommen sein soll. Und dass sie alle, Maria von Magdala, Petrus und die Zwölfe, Jakobus und ganze Gruppen von missionierenden Anhängern Jesu, und später Paulus, mit solcher Entschiedenheit und Einmütigkeit für diesen Jesus und seine Sache ihr gesamtes Leben einsetzten, das setzt zweifellos grundlegend diesen Jesus und seine Sache voraus, ist aber ohne ein neues evidentes Widerfahrnis kaum zu verstehen.

Zusammenfassend können wir sagen:
Alle Ostertexte des NT (die frühen Osterbekenntnisse und genauso die späteren Ostererzählungen) sprechen von dem *außerordentlich starken, unerwarteten Neuanstoß*, der sich nicht allein auf vorösterliche Vorgaben sowie *rein innere* psychische Vorgänge und Reflexionsprozesse der Jünger reduzieren lässt, der vielmehr Offenbarungscharakter hatte, in sie *hinein ein*brach. Die Jünger haben noch einmal etwas Außerordentliches erlebt: den Einschlag oder Einfall (Levinas) des gekreuzigten, tot gewussten Jesus von Gott her in ihre Existenz. Das wurde insbesondere am Herrenbruder Jakobus und an Paulus deutlich.

Dieser Neuanstoß (von Gott her bzw. von dem aus Gott lebendigen Jesus her) war es, der nach Karfreitag entscheidend die *Wende* bei den untergetauchten und geflohenen Jüngern auslöste: ihre Rückkehr in das für sie gefährliche Jerusalem, die Gründung der Urgemeinde, den Eintritt des bis dahin Jesusdistanzierten Jakobus, seiner Brüder und Marias in die Urgemeinde, den Christusglauben, das unerwartete Hinzustoßen des Verfolgers Paulus, die rasante Entwicklung von Christologien, die rasche Ausbreitung im jüdischen, dann auch im nicht-jüdischen Raum, usw.

Dieser Neuanstoß bewirkte den geradezu explosionsartigen Neubeginn, so dass es nach der Hinrichtung Jesu gerade *nicht* aus war, sondern *erst richtig losging* – ganz anders als nach der Tötung sonstiger damaliger Anführer, die beanspruchten, der Messias zu sein, und die ihre Anhänger nach Jerusalem zu führen suchten: die Römer machten kurzen Prozess mit ihnen und damit war alles vorbei. Das kann man beim jüdischen Historiker des 1. Jahrhunderts, Flavius Josephus, nachlesen.

Bei Jesus war es mit seinem Tod am Kreuz gerade nicht vorbei, es ging danach erst richtig los. Und das obwohl Jesus ja am Kreuz wie ein Verbrecher – ja wie ein angeblich »von Gott Verfluchter«[200]– gestorben war und seine Anhänger untergetaucht oder geflohen waren.

Auch historisch gesehen muss also das mit den Erscheinungen gemeinte Geschehen zumindest ein so *starker, evidenter* Neuanstoß gewesen sein, dass er die *Einmütigkeit und Dynamik* des österlichen Neuanfangs erklären kann, eine Einmütigkeit und Dynamik, die überraschend ist. Die Jünger hatten keinerlei Meinungsverschiedenheiten, sie mussten nicht erst lange diskutieren und in der Schrift forschen, um sich schließlich zu einigen auf so etwas wie: Er ist wohl auferstanden, erhöht. Und sie haben auch nicht einfach »den vorher nur als Möglichkeit gedachten Glauben an Jesu Auferweckung zur gewissen Überzeugung« transformiert[201].

Ganz im Gegenteil, es war ihnen unmittelbar *evident*[202]: Er ist lebendig da. Und das bedeutete: Er ist zu Gott erhöht (ist in

Gottes Dimension, oder mit Psalm 110 gesprochen: »zur Rechten Gottes«), also ist er gerettet (»auferweckt«) und also ist er von Gott bestätigt, rehabilitiert. D.h.: In seinem Leben, Sterben und Auferstehen hat Gott selbst gesprochen und gewirkt für uns. Und deshalb konnte man kurz und formelhaft sagen: Er ist der Messias, Gottes Wort und Sohn, Gottes entscheidender Bote, der Heilbringer von Gott her.

5. Kapitel:
Was Auferstehung heute bedeuten kann[203]

1. Die fundamentale Voraussetzung: Gott

Der biblische Hoffnungsentwurf macht eine fundamentale Voraussetzung: Er setzt Gott voraus. Er rechnet mit einem göttlichen Urgrund der Wirklichkeit, mit einer absolut anderen, transzendenten Dimension. Der Streit darüber, ob die Toten am Ende vergessen und endgültig verloren sind, ist ein Streit um Gott, ein Streit darum, ob es den göttlichen Urgrund gibt und wie er zu verstehen ist.

a) Streit um die Wirklichkeit[204]

Atheistische Religionskritiker behaupten, jede Annahme einer anderen als der rein natürlichen, physikalisch erklärbaren Wirklichkeit sei reine Illusion. Eine andere, transzendente Dimension und alles damit Verbundene (wie Hoffnung auf ein Leben der Verstorbenen, auf universalen Gerechtigkeit, Glaube an eine Auferstehung Jesu) sei nichts als realitätsferne Illusion, reine Wunschprojektion.

Mit Recht sagen diese Kritiker: Eine bloße Wunschprojektion schafft keine Wirklichkeit, der Durst des Verdurstenden zwingt nicht die Oase herbei, erzeugt höchstens eine Fata Morgana. Richtig. Aber wenn sie folgern, so sei auch Gott bloße Wunschprojektion, eben Fata Morgana, »Gotteswahn« (Richard Dawkins), so ist diese Folgerung nicht schlüssig. Denn: Mein jetziger Durst bedeutet zwar nicht, dass es jetzt hier auch etwas zu trinken geben muss. Aber – und genau das übersehen diese Kritiker – dass es überhaupt das Phänomen Durst gibt, besagt doch, dass es irgendwo etwas geben muss, was den Durst stillen kann, sonst wären Wesen mit Durst gar nicht entstanden; gäbe es kein Wasser, so wären in der Evolution nie auf Wasser angewiesene Wesen entstanden.

Nun haben wir Menschen aber nicht nur natürlich-vitale Bedürfnisse (nach Wasser, Atemluft usw.) und spezifisch humane Bedürfnisse (wie Tätig-sein-Können, Freude am Werk usw.), sondern darüber hinaus auch *meta*physisch-existentielle Bedürfnisse (nach Gerechtigkeit usw., nach einem letzten Sinn) und wir haben ein entsprechendes Verlangen: eine Sehnsucht, die durch nichts in der Welt gestillt werden kann. Es gibt also auch einen *meta*-physischen Durst! Er kommt nicht von ungefähr: Gäbe es definitiv keinen letzten Sinn – wieso sollten dann Wesen mit Durst nach einem solchen Sinn entstanden sein?

Wenn der Atheismus Recht hätte, *dann könnte man nicht erklären*, warum der Mensch über alles – auch über Natur, Welt, Tod – hinausfragen kann. Der Mensch ist ja ein erstaunliches Wesen, weil er trotz seiner radikalen Endlichkeit von einer unstillbaren Sehnsucht beseelt ist, einer Sehnsucht nach Gerechtigkeit, Erfüllung, Sinn. Wenn kein Gott wäre, dann hätte die Natur in den Menschen ein (völlig unsinniges) Verlangen erweckt, das nichts und niemand einlösen kann.[205] Wenn der Tod für die Person das absolut Letzte wäre, dann könnte man überhaupt nicht erklären, *warum wir nach Sinn fragen*. Warum sind wir denn so gebaut (warum hat die Evolution ein so komplexes Gehirn hervorgebracht), dass wir nach Sinn fragen und uns mit sinnlosem Unfug nicht zufrieden geben?

Wir *können über alles hinausfragen*. Wie aber ist so etwas möglich? Wie soll die Welt (die Natur, die Evolution) ein Wesen hervorbringen, das auch über sie hinausfragen kann? Dieses – über die Natur (und die Totalität der Welt) hinausschießende – Mehr muss doch irgendwo her kommen. Wie soll es aus der Natur (Evolution, Welt) kommen, wenn es über sie hinaus überschießt? Dann liegt im Menschen etwas, das nicht einfach *nur* Produkt der Natur (Evolution, Welt) sein kann. Ein *Indiz* dafür, dass das All (und die Evolution) nicht alles ist, dass noch etwas Anderes besteht, ein Gründendes, dem die Evolution sich annähernd öffnet, indem sie ein Wesen mit so hoch komplexem Gehirn hervorbringt?[206]

Aufgrund der hochkomplexen Beschaffenheit seines Gehirns kann der Mensch sich auch auf eine andere, transzendente Dimension ausrichten. *Unser Gehirn gibt das her*, wir haben diese Möglichkeit, *nach einer anderen Dimension zu fragen*, etwas zu *ahnen*, das alles übersteigt, etwas, das Staunen, Ehrfurcht auslöst, seiner Gegenwart inne zu werden, vielleicht es gar zu spüren; und wenn wir es nicht spüren, es zu *vermissen*, weil etwas *fehlt*.[207]

Warum ist das so? Führt uns da nur unsere (Gehirn-) Konstitution irre, ist das nur unser Konstrukt, unser »Hirngespinst«, oder hat sich unsere Konstitution im Laufe der Evolution so herausgebildet, weil sie sich an eine tiefere, abgründige Dimension herantastet, sich ihr annähert? Sind wir vielleicht so gebaut, so voller Durst nach Dauer, Liebe, Gerechtigkeit, Sinn, weil es – am Grund von allem – eine andere Wirklichkeit gibt, die uns hat entstehen lassen, auf sich hin (als unsere wahre Erfüllung), so dass wir deswegen unablässig auf der Suche sind und uns dabei oft an Dingen festmachen, die uns enttäuschen *müssen*, weil sie das nicht halten können, was wir uns fälschlich von ihnen versprechen, sondern ein Versprechen auf mehr sind? Stimmt es vielleicht, was Augustinus so sagte[208]: »Du (Gott) hast uns auf dich hin erschaffen, und ruhelos ist unser Herz, bis es seine Ruhe (seinen Halt und Sinn) findet in dir«, und zwar nicht erst im Tod, sondern auch jetzt schon?

Wer an Gott glaubt, der nimmt eine Wirklichkeit an, die die Welt übersteigt und die alles Welthafte in seinem Sein begründet und trägt. Diese Annahme wurzelt in der merkwürdigen *Erfahrung der Kontingenz* (d. h. des Nicht-notwendig-da-Seins). Diese existentielle Erfahrung geht uns an unserem eigenen Menschsein auf (an seiner radikalen Faktizität), wenn ich z. B. verwundert innewerde, dass ich existiere, wo ich doch auch nicht da sein könnte (oder wer anderer statt meiner); es hätte mich nicht geben müssen. Wir erfahren uns als Gegebenheit, durch Geburt und Tod begrenzt, des Anfangs und Endes nicht mächtig. Und wir können entdecken, dass es nicht nur mit uns so steht: nicht nur ich bin nicht notwendig da, auch all die andern Dinge, die entstehen und vergehen, sind nicht notwendig da, sie könnten genauso gut auch nicht da sein (oder es könnten andere statt ihrer da sein). Und so kann man schließlich entdecken: Auch das Welt-Ganze (das Ganze des Entstehens und Vergehens) ist nicht notwendig da (wie z. B. auch der atheistische Philosoph John Mackie zugibt).

Diese Grunderfahrung, dass wir und alle Dinge nicht notwendig da sind, ist es, die in der Menschheitsgeschichte mit mehr oder minderer Klarheit zur *Intuition und Ahnung* von einer Wirklichkeit führt, die selber nicht geworden ist, die notwendig da ist und die alles Gewordene in seinem Sein begründet: sei es (in noch fragwürdiger Vorstellung) »das höchste Wesen«, oder (im indischen Rigveda) das »Eine, das ohne Atem zu holen atmet«, oder (in der Bibel) der Ewige, der kreative Wesen ermöglicht.

So heißt es z. B. im Psalm 90: »Fürwahr, du bist unsere Zuflucht für und für. Ehe denn die Berge wurden und die Erde und die Welten, bist du Gott, von Ewigkeit zu Ewigkeit. Tausend Jahre sind vor dir wie der Tag, der gestern vergangen ist. Unser Leben währt 70 Jahre, und wenn es hoch kommt, sind es 80, … rasch ist es vorbei, als flögen wir davon.« Die Bibel (und auch andere Religion) nimmt an: Es gibt einen Urgrund, der nicht geworden ist und nicht vergeht, und von dem alles stets getragen ist (vgl. z. B. Jes 46,3f). In, über, unter allem, was wird und wackelt und vergeht, ist eine andere Wirklichkeit, die nicht wankt, die beständig und wie nichts sonst verlässlich ist: Der Ewige, der Heilige, der Unergründliche, der Unvergleichliche, für den es *nichts Vergleichbares* in der Welt gibt; die absolute Bedingung, die selbst *kein Bedingtes* mehr ist, der absolute Ur-Grund, der keines anderen Grundes mehr bedarf, der Grund überhaupt, der Urgrund und Abgrund.

b) Der Ur-Grund von allem

Der Wissenschaftsphilosoph Ludwig Wittgenstein hat notiert: »An einen Gott glauben heißt sehen, dass es mit den Tatsachen der Welt noch nicht abgetan ist. An einen Gott glauben heißt sehen, dass die Welt einen Sinn hat.«[209]

Die *Wissenschaften* beschäftigen sich mit den Tatsachen der Welt und erklären sie durch Ursache-Wirkungs-Zusammenhänge. Der bekannte Astrophysiker Harald Lesch erklärt: »Die Physik ist nur zuständig für die Innenarchitektur des Kosmos. Wir (Physiker) leben von Ursache-Wirkungs-Zusammenhängen, das ist unser Ding. Wenn Kosmologen von Gott faseln, ist das eine Grenzüberschreitung. In physikalischen Gleichungen kommt Gott nicht vor, aber das schließt nicht aus, dass Gott existiert.«[210]

Die Physik und die anderen Wissenschaften befassen sich mit der Innenarchitektur der Welt und des Alls, sie fragen nach Ursache-Wirkungs-Zusammenhängen auf der empirischen Ebene, und dabei *setzen sie immer schon Welt oder etwas Weltartiges voraus* (z. B. etwas, das im Urknall explodieren konnte, oder ein Quantenfeld, in dem sich Fluktuationen abspielten, usw.). Doch auf die Frage, *warum überhaupt* weltartige Realität *existiert*, kann empirische Wissenschaft niemals Antwort geben.

Wir Menschen aber können staunen über die Existenz der Dinge und der Welt. Wir können – mit Leibniz, Schelling, Heidegger, Wittgenstein – fragen: Warum ist überhaupt etwas und nicht vielmehr nichts? Wir können allem, auch dem Ganzen, dem wir zugehören, fragend gegenübertreten, können nach dessen Grund fragen.

Wer nach Gott fragt, fragt nach dem *Ur-Grund, warum überhaupt etwas existiert.* Er will nicht das wissenschaftliche Fragen nach Ursache-Wirkungs-Zusammenhängen innerhalb der Welt beenden; das kann ungehindert weitergehen. Wer nach Gott fragt, fragt – recht verstanden – *nicht* wie die Physik *zurück* nach einer ersten Ursache auf der empirischen Ebene, er fragt *nicht nach dem ersten Glied* einer Kette von Ursachen, sondern er fragt nach dem *Grund der ganzen Kette*, also nach dem, was die Kette als ganze begründet und trägt, – und zwar in jedem ihrer Zustände (ob vor oder nach dem Urknall).[211] Wer nach Gott fragt, fragt nach dem alles tragenden Ur-Grund, nach einer fundierenden, allem Welthaften gegenüber absolut transzendenten Dimension und Wirklichkeit. Wer Gott sagt, will nicht Veränderungen in der Welt erklären (Katastrophen, Unglücke, Glücksfälle usw.), sondern will auf den abgründigen Grund des Ganzen verweisen, *will das Sein verstehbar machen* (den Sprung vom Nichtsein zum Sein), das Faktum der Welt selber und seinen Sinn.[212] Es geht um den *Grund des Seins.*

An Gott glauben heißt also mit einer anderen Dimension rechnen, mit einer (allen physikalischen Dimensionen gegenüber) *transzendenten* Dimension. An Gott glauben heißt *sehen,* dass all das Gewordene und wieder Vergehende ein *Un*gewordenes und *Un*vergängliches voraussetzt (was auch der Buddha annahm, obgleich er es, der vielen indischen Götter wegen, nicht Gott nannte), ein Absolutes, Un-bedingtes, einen un-bedingten, alles gründenden Ur-Grund, der keines anderen Grundes mehr bedarf[213], aus dem vielmehr alles jederzeit existiert und der auch das letzte Ziel aller Dinge sein kann.

Reflektiert und recht verstanden will das viel missbrauchte Wort »Gott« genau auf dieses Unbegreifliche am Grund unseres Lebens und am Grund aller Welten verweisen: auf diese *alles transzendental begründende* und ihm seine *eschatologische (endgültige) Bestimmung gebende* Wirklichkeit.

Unsere Sprache ist inadäquat: Wenn sie vom Wort »Gott« einen Plural »Götter« bilden kann, konterkariert sie sofort alles, was mit dem Singular »Gott« gemeint ist: eine *Singularität,* ohnegleichen, restlos verschieden von allem sonst. Und alles, was ist, ist insoweit grundlegend bezogen auf diesen von ihm restlos verschiedenen, seins-verleihenden, absolut transzendenten Gott.

c) Ein »Ich-bin-da«: größer als gedacht werden kann

Dann aber gilt: Diese von aller Welt restlos verschiedene Wirklichkeit Gott ist »*größer als gedacht werden kann*« (Anselm von Canterbury[214]). Wir können Gott nicht begreifen oder gedanklich fassen, sondern nur *auf ihn zu* denken.[215] Alle unsere Begriffe und Bilder (ob Schöpfer, Vater, Person oder Energie,

Kraft, Geist oder was immer) sind vom Endlich-Geschöpflichen genommene Modelle, die – meta-phorisch (d. h. über-tragen) gebraucht – hinausverweisen auf eine ganz andere, nicht endliche, sondern alles umfassende und tragende Dimension und Wirklichkeit. Alle Bilder werden zur verweisenden Geste auf das, was transzendent und »größer ist als gedacht werden kann«.

Streng genommen, erklärte Thomas von Aquin, können wir gar nicht sagen, *was* Gott ist, sondern können nur sagen, was er *nicht* ist[216], nämlich nicht so wie alles Weltliche, Empirische, *nicht* endlich, *nicht* begrenzt. Damit wäre freilich schon einiges gesagt. Denn »nicht begrenzt«, das bedeutet doch:

(1) Der unbegreifliche Urgrund (Gott) muss alle Welt übersteigen (*transzendieren*), derart, dass *alles* schon immer *in ihm* vorkommt, in ihm von ihm begründet (»von allen Seiten umgibst du mich«, sagt Ps 139; »in ihm leben wir, bewegen wir uns und sind wir«, sagt Apg 17,28, wir und alles Kosmische). Es gibt kein Außerhalb Gottes, alles (auch wer sich ihm verschließt) kommt schon immer in der unendlich aufgespannten, bergenden Weite Gottes vor. Transzendenz *um* uns, und zwar absolute Transzendenz![217] Das bedeutet weiter:

(2) Gott kann *nicht* ein *Etwas oder Jemand* »jenseits« der Welt sein (kein *Gegen*stand, von ihr getrennt und durch sie begrenzt), er muss vielmehr – eben als von allem Welthaften (nicht gegenständlich, sondern) transzendental unterschieden – zugleich in *allem zuinnerst immanent* sein als das, was allem »Sein, Kraft und Eigenaktivität verleiht«, wie Thomas von Aquin sagte[218] (»in allem ist dein unvergänglicher Atem-Geist« sagt die Bibel Weish 12,1; auch andere Religionen verwenden Metaphern wie Atem/atman, Lebenskraft/shakti usw.). Gott: nicht jenseitig, sondern »mitten im Leben – jenseitig« (Dietrich Bonhoeffer),

an allem unmittelbar dran, allem innerlicher als dieses sich selbst (Augustinus). Transzendenz *in uns*.

(3) Und wenn man wirklich ernstnehmen will, dass »Gott« der nicht begrenzte Ur-Grund aller Welt, also auch der Ur-Grund von uns personalen Wesen ist, dann kann man sicher *nicht* sagen, er sei eine *Person*, so *wie wir* gegen andere abgegrenzte Personen sind, aber dann muss er die *Qualität* des Personalen (Intelligenz, Selbstbewusstsein, Wille, Beziehungsfähigkeit) in sich haben, und zwar in eminenter Weise (sonst könnte er nicht Urgrund von personalen Wesen sein). Gott kann also *nicht weniger als personal* sein, *nicht unter*-personal, eher über-personal, *sur*personel (so Teilhard de Chardin), *Meta*-Person (so Paul Tillich): ein unfassliches »Ich-bin-da« (wie bei Mose am brennenden Dornbusch Ex 3,14), ein »Ich-bin-da«, das uns anblicken, ansprechen kann, das Adressat unseres Klagens oder Dankens sein kann – und möglicherweise Grund einer kühnen Hoffnung für alle.

Kleiner von Gott zu denken hieße, nicht *auf Gott zu* zu denken.

Eine chassidische Geschichte: Der Raw sprach einen Schüler, der bei ihm eintrat, so an: »Mosche, was ist das ›Gott‹?« Der Schüler schwieg. Der Raw fragte zum zweiten und zum dritten Mal. »Warum schweigst du?« »Weil ich es nicht weiß.« »Weiß ich's denn?« sprach der Raw. »Aber ich muss sagen; denn so ist es, dass ich es sagen muss: Er ist deutlich *da*, und außer ihm ist nichts deutlich da, und *das* ist er.«[219]

»Gott ist *gegenwärtig*. Alles in uns schweige und sich innigst vor ihm beuge«, beginnt ein Lied des evangelischen Mystikers Gerhard Tersteegen (1697–1769), und tastet sich dann an diese unfassliche Gegenwart mit Bildern heran: »Luft, die alles füllet, drin wir immer schweben, aller Dinge Grund und Leben, Meer ohn' Grund und Ende, Wunder aller Wunder: ich senk mich in dich hinunter. Ich in dir, du in mir, lass mich ganz verschwinden, dich nur sehn und finden.« Und: »Du durchdringest alles … Wo ich geh, sitz und steh, lass mich dich erblicken und vor dir mich bücken.«[220]

d) »Der etwas anfangen kann«

Gott, der wirkliche Gott, ist noch ganz anders als ein nur erdachter Gott, hat Meister Eckhart gesagt. Ein Grenzbegriff Gott am Ende philosophischer Denkwege wäre nur ein »Gott am Ende« (im doppelten Sinn), hat der Philosoph Schelling (1775–1854) in seinem Spätwerk selbstkritisch bemerkt und dann hinzugefügt: »Im reinen Denken ist Gott nur Ende, nur Resultat; aber Gott, was man wirklich Gott nennt, ist nur der, welcher *Urheber* sein, der etwas *anfangen* kann«[221]. Eine innere Kehre wird nötig: im Denken und im Vernehmen.

Wir müssten daher *einerseits* annehmen, dass der nicht unterpersonale, eminent freie Gott wirklich »Urheber sein«, »etwas anfangen kann«, dass *sein göttliches* »Es werde« (Gen 1) von Anbeginn an *Freigabe* in Eigendynamik und Eigengesetzlichkeit bedeutet.

Das hat schon der bedeutende Theologe und Bischof *Gregor von Nyssa* in Kappadokien (335–394) erkannt. In seiner Auslegung von Gen 1 sagt er gegen naive Deutungen: »Der Möglichkeit nach war alles in dem enthalten, was Gott zuerst an der Schöpfung tat, indem er gleichsam eine gewisse Keimkraft (dýnamis tis spermatiké) zur Entstehung des Alls grundlegte; der Wirklichkeit nach war das Einzelne noch nicht da«, es hat sich erst nach und nach entfaltet.[222] Bemerkenswert! 1500 Jahre vor *Charles Darwin*, der sein Werk »On the Origin of Species« (1859) mit einem ähnlichen Satz beschloss: »Es ist wahrlich eine großartige Ansicht, dass der Schöpfer den Keim allen Lebens, das uns umgibt, nur wenigen oder nur einer einzigen Form eingehaucht hat und dass … aus einem so einfachen Anfang sich eine endlose Reihe der schönsten und wunderbarsten Formen entwickelt hat und noch immer entwickelt.« Das lässt sich mit Gregor von Nyssa von der biologischen auf die gesamte kosmische Evolution ausweiten.

Wir müssen deshalb annehmen, dass der Schöpfer die von ihm freigelassenen (und sich einpendelnden) Gesetze der Schöpfung und die Freiheit der Menschen voll respektiert, also *nicht* willkürlich in sie *interveniert*. Dass er insofern *ohn*mächtig ist in der Welt und Wirkmöglichkeiten (Macht) in der Welt nur gewinnt, soweit die naturalen und historischen Prozesse für seine Intentionen offen sind, und besonders soweit Menschen seine allen geltende Güte in ihr Leben einlassen.[223]

Das würde bedeuten: Wo in der Schöpfung Leben erblüht und im Zusammenspiel gedeiht, wo Menschen zum Gelingen des Lebens anderer und des eigenen Lebens beitragen, da wird Gott wirksam; wo nicht, da kann er in der Welt nicht »vorkommen« und kann man ihn also auch nicht finden, so dass wir meinen können, es gebe Gott nicht. Der die Welt in ihr Eigenwirken freigebende Gott wäre also der alle Welt tragende und dadurch hinter der Welt *zurücktretende* transzendente Ur-Grund aller Wirklichkeit, der *auf diskrete Weise da* ist, als Raum ihres Sein-Könnens wirkt, der auf sie hofft, auch an ihr leidet, sie leidend (er-)trägt, und der dort aufscheint, wo es zu Prozessen des Aus-sich-heraus-gehens auf andere zu kommt. In der Inspiration zum Guten könnte der Atem seiner Gegenwart zu spüren sein.

e) Das Schweigen Gottes und die Möglichkeit von Offenbarung

»Fürwahr, du bist ein verborgener Gott« (Jes 45,15). Gott greift nicht ein, weder in die Naturprozesse noch in unsere Probleme, und ist doch da. Wir müssen mit seiner schweigenden Gegenwart leben, müssen es aushalten, dass Gott schweigt, Und zugleich ernsthaft nach ihm fragen. »So ihr mich von ganzem Herzen suchet, so will ich mich finden lassen« (Jer 29,13f).

Wenn »Gott, was man wirklich Gott nennt, nur *der* ist, welcher Urheber sein, der etwas anfangen kann« (Schelling), dann können wir nämlich gar nicht mehr ausschließen, dass dieser verborgene (nicht unterpersonale) Ur-Grund *sich von sich selbst her* auch *kundtut* in der von ihm begründeten Welt. Die *Möglichkeit von Offenbarung* wird denkbar. Dass dieses äußerste Denkmögliche (Offenbarung Gottes) *Faktum* geworden ist, davon spricht insbesondere die Bibel: Gott suche die Beziehung zu den Menschen und habe sich offenbart – in für ihn (für seine Stimme im Innern) offenen Menschen, in ihrer Antwort, zumal in der erstaunlichen Lerngeschichte des kleinen Volkes Israel mit Gott. In vielen Texten des AT wird die allen geltende Güte geradezu zum Inbegriff Gottes (z. B. Hos 11,8f; Ps 145,9; 36,6; 86,15; prägnant Sir 18,13: »Das Erbarmen des Menschen gilt nur seinem Nächsten, das Erbarmen Gottes gilt allen Menschen«). Die Spitzenerfahrungen des Judentums, z. T. auch anderer Religionen (z. B. in der Bhagavadgita 18,64, wo Gott Krishna zum Menschen spricht »Höre mein höchstes Geheimnis: ich habe dich sehr lieb«), führen über den zweideutigen, zugleich gütigen und grausamen, Gott, vor dem man Angst haben muss, hinaus.

Ganz eindeutig wird es, wie wir in Kapitel 1 bedacht haben, bei dem Galiläer Jesus von Nazaret: Bei ihm tritt Gott in großer Klarheit hervor als reine Barmherzigkeit ohne Grenzen, als eindeutige Güte, die für alle entschieden ist, die alle sucht, auch den Verlorensten, selbst den Verkommensten, und keinen fallen lässt.[224] Dass Gott pure Barmherzigkeit und Güte sei, die für alle entschieden ist, das sagt Jesus nicht bloß, er lässt es für andere geschehen, es wird für Ausgegrenzte, Kranke, Arme, Unerwünschte spürbar. »Das Reich Gottes ist da«, wo solches geschieht. Auch in seinem Schüler- und Anhängerkreis werden andere Beziehungen eingeübt: nicht mehr Mobbing und Über-andere-herrschen-wollen, sondern Anderen-aufhelfen; die ganz unten, die Kinder und Geringsten, werden zum Leitbild.

Dass der tiefste Urgrund der Wirklichkeit *kein kalter Urgrund* ist, den es nicht berührt, was da läuft in unserer Welt, dass er keine aufrechnende Gerechtigkeit ist, die ein Blutopfer verlangt und anders nicht vergibt[225], dass er vielmehr Agápe ist, d. h. eine *eindeutig bejahende Größe*, die in den *positiven Dynamiken* am Werk ist (im Antrieb zum Guten) und *auf Gutes hinaus will*[226], dass er also Güte ist, die alle erreichen und keinen missen möchte, – genau das behauptet Jesus mit seiner ganzen Existenz. Er lebt es bis zum Äußersten, mit allen Konsequenzen. Ein Leben und Sterben in Dienst und Hingabe an Gott und die Anderen, im selbstlosen Einsatz für sie.[227] Damit setzt er sich in klaren Widerspruch zu vielem in der Welt. Deswegen wurde er ja auch liquidiert.

An dieser allen geltenden Güte Gottes hat er festgehalten, auch in Misserfolg, Leiden und im Schweigen Gottes, dort, wo ihm der allmächtige Nothelfergott verloren ging, wo er nur noch seine Not hineinschreien konnte in das Dunkel der nicht mehr begreifbaren Güte Gottes, an den er sich nochmals klammerte (»mein Gott, mein Gott, warum hast du mich verlassen?«).

Was in der Geschichte Jesu (in seinem Wirken, seinem Tod und seiner neu erfahrenen Präsenz) offenbar und erahnt wurde, das kann das NT zusammenfassen in Sätzen wie: »Erschienen ist die Güte und Menschenfreundlichkeit Gottes« (Tit 3,4), oder: »Gott ist Licht, und Finsternis ist nicht in ihm«, »Gott ist Agápe/Liebe«, und Hass ist nicht in ihm (1 Joh 1,5 sowie 4,8.16). Agape ist jene – von anderen Formen der Liebe (Eros, Philía, Storgé, Sexus) zu unterscheidende – Form von Liebe, die sich (frei und selbstlos) jedem bejahend zuwendet rein um seinetwillen, auch wenn sie nichts von ihm hat, ja auch wenn sie dafür eigene Verwundung und Ablehnung in Kauf nehmen muss.

Von Jesus her gesehen kann letztlich allein solche – alles menschliche Lieben übersteigende – Agape mit dem Wesen Gottes gleichgesetzt werden. Und allein von einer alles begründenden Wirklichkeit, die solche Agape ist, lässt sich das sonst (für Natur und Menschen) nicht Mögliche erwarten, nämlich das, was gläubige Juden und zumal Jesus mit der Gottesherrschaft erhoffen und was christlicher Glaube mit Auferstehung und Vollendung verbindet:

Reale Zukunft für die Toten, Aufrichtung und Heilung der Beschädigten, Gutmachung für die Verlierer dieser Welt (für die Opfer unseres Treibens), ein Gericht der Gerechtigkeit und der Gnade, eine Versöhnung, zu der alle willens, weil durch Gottes Liebe gewonnen sind, Gottes eigene Theodizee, das Abwischen aller Tränen, Bewahren alles Gelungenen, Freude ohne Angst, ohne Abbruch, kurz: Leben in Fülle.

An Jesus orientierte Hoffnung versucht also die – in Jesus aufleuchtende – Selbstoffenbarung Gottes als unbedingt allen geltende Güte *beim Wort zu nehmen* und über den Tod hinaus *zu Ende zu denken.*[228]

2. Was Auferstehung bedeutet

a) Mehrdeutigkeit von Auferstehung

Die deutschen Wörter »Auferstehung« und Auferweckung« sind Übersetzung von biblischen Wörtern, welche »aufstehen« und »aufgeweckt-werden« bedeuten (die im Deutschen eingefügte Silbe »er« signalisiert religiösen Sprachgebrauch). Seit ihrem ersten biblischen Auftauchen in Jes 26,19 sind beide Wörter synonym: die Toten stehen auf, weil Gott sie aufweckt.

Nun sind die beiden Verben »aufstehen« und »aufgeweckt-werden« aber *mehrdeutig:*

(1) Zunächst bezeichnen sie im alltäglichen Sprachgebrauch das *buchstäbliche* Aufstehen (bzw. Aufgeweckt-werden) aus dem Schlaf oder aus einem Darniederliegen oder auch das Aufstehen, den Aufstand gegen Unrecht, Lüge, Gewalt.

(2) Dann aber können die Verben »aufstehen« und »aufge-weckt-werden« auch über-tragen, also meta-phorisch verwendet werden. Als Meta-pher ersten Grades können sie die wunderbare *Wiederbelebung*, die Reanimation, das Wieder-Aufstehen aus einem todesähnlichen Zustand *zurück ins sterbliche Erdenleben* bezeichnen; so auch in Erzählungen vom erweckenden Wirken des Elija oder Jesu.[229]

(3) Und schließlich können sie als Meta-pher zweiten Grades verwendet werden und die *endgültige* Auferstehung von Toten hinein *in eine ganz andere, transzendente Dimension* und in ewiges Leben bezeichnen.

Wegen dieser Mehrdeutigkeit ist die Gefahr groß, dass Auferstehung Jesu und der Toten als Wiederbelebung der Leiche und Rückkehr auf die Erde *missverstanden* wird. So z. B. von den Populärphilosophen, mit denen Paulus nach Apg 17,18.32 auf dem Athener Areopag redet; oder heute in Zeitungsartikeln, die zu Ostern fälschlich von der »*Wieder*auferstehung« Jesu reden. Um solches Falschverstehen abzuwenden, hat das Neue Testament *Präzisierungen durch flankierende Bilder* (wie Erhöhung, Entrückung, Aufnahme in den Himmel, also Eingehen in die Dimension Gottes) vorgenommen.[230]

Statt von »Auferstehung« kann man auch von geschenkter, dialogischer »Unsterblichkeit« sprechen: der Mensch ist unsterblich, weil Gott ihn nicht ins Nichts fallen lässt, sondern mit ihm einen Dialog begonnen hat, den er seinerseits nicht mehr abbrechen wird. Gott vergisst seine Geschöpfe nicht (so Jes 49,14–16; Ps 27,10), auch nicht den toten Sperling, obwohl der so wenig wert scheint, dass man auf dem Markt für zwei Groschen fünf Sperlinge kaufen kann (sagt Jesus nach Lk 12,6).

b) Zum Sinn von Auferstehung Jesu und der Toten

Auferstehung Jesu und der Toten meint *nicht* physische Wiederbelebung des Leichnams, auch nicht einen Ortswechsel in eine ›jenseitige‹ Welt ›hinter‹ unserer Welt oder in ein Paralleluniversum (mit anderen Naturkonstanten), sondern das *Aufgenommen-werden der Person in die radikal andere, transzendente, himmlische oder Ewigkeits-Dimension Gottes* (vgl. Röm 6,9f: »Christus, von den Toten auferstanden, stirbt nicht mehr, was er lebt, lebt er für Gott« und in Gott; Apg 13,34; Offb 1,18).

Bild-Wörter wie »Himmel« (heaven, nicht sky[231]) oder »Ewigkeit«[232] verweisen auf diese absolut andere Dimension, welche Raum und Zeit übersteigt, aber nicht von ihnen getrennt, sondern überall verborgen gegenwärtig ist. Das All ist nicht alles, da ist noch Wer, mitten in allem, dieses »Ich-bin-da« (wie bei Mose am brennenden Dornbusch in Ex 3,14).

Die Rede von Auferstehung Jesu und der Toten verlangt somit ein *erweitertes Verständnis der Wirklichkeit*. Sie bezeichnet ein ganz *reales Geschehen*, das *sich aber* – von seiner Seinsweise her – unserer sinnlichen Erfahrung und empirischen Feststellbarkeit *entzieht*.

Weil Auferstehung als Übergang in die transzendente Dimension Gottes *Ausstieg* aus unserer Raum-Zeit und *Eingehen* in ein nicht mehr physikalisch-biologisch zu fassendes ewig-endgültiges Leben bedeutet, deswegen ist Auferstehung nicht wieder ein Vorkommnis in unserer Raum-Zeit. Sie transzendiert die Naturzusammenhänge derart, dass sie diese nicht außer Kraft setzt oder in ihnen eine Lücke, ein leer gewordenes Grab hinterlässt. (Es gibt keine Augenzeugen der Auferstehung; eine im Grab Jesu aufgestellte Video-Kamera hätte nichts aufgenommen.)

Die Auferstehung Jesu ist uns also *sinnlich entzogen – und doch wirklich*. Sie ist kein für uns sichtbares und historisch prüfbares Ereignis, in diesem Sinne kein »historisches« Ereignis. Prüfbar und Gegenstand historischer Untersuchung kann nicht die Auferstehung Jesu selbst sein, sondern nur ihre Auswirkungen, vor allem die – von den Jüngern bezeugte – Manifestation in ihre Erfahrung hinein, also die von den Jüngern bezeugten Ostererfahrungen (die sog. Erscheinungen). Aus historisch-kritischer Sicht formuliert: *Diese Behauptungen von Ostererfahrungen sind historisch feststellbar*. Und damals zumindest konnte man die Jünger nach ihren Erfahrungen befragen, ein Paulus konnte sie befragen; und heute können *wir* Paulus aufgrund seines Selbstzeugnisses begrenzt nach seiner eigenen inneren Erfahrung befragen (wie wir in Kap. 3,2b.Exkurs gesehen haben). Diese Ostererfahrungen waren die Durchbruchserfahrungen des Anfangs, auf die späterer Osterglaube sich zurückbezieht.[233]

Doch nach christlicher Überzeugung kann sich Gott – und der aus Gott lebendige Jesus – auch heute kundtun aus seiner all-gegenwärtigen Dimension heraus: kann uns Zeichen und Winke geben, uns innerlich anrufen, uns ergreifen, und kann, wo zwei oder drei in seinem Namen beisammen sind, mitten unter ihnen sein (Mt 18,20; Lk 24,29–32).

Der auferweckt-erhöhte Jesus ist *derselbe* wie der gekreuzigte Jesus (dafür steht etwa in Joh 20,20 das Symbol: er trägt die Wundmale). Aber er ist nun *anders* und ist auch *anders da* als der irdische Jesus: Man kann ihn nicht handgreiflich berühren[234], ihm nicht die Hand schütteln, ihn nicht fotografieren usw. Die Emmauserzählung gibt zu verstehen: Er geht längst verborgen mit uns, auch wenn wir's nicht merken, doch in der Herrenmahlfeier, beim Hören der Schrift und beim Brechen des Brotes, kann es uns aufgehen, können wir von ihm so ergriffen werden, dass »uns das Herz brennt« und wir einstimmen können in das urgemeindliche Bekenntnis: »Der Herr ist wahrhaft auferweckt«[235] (Lk 24,34).

c) Was meint »leibhaftige« Auferstehung?

Oben (in Kap. 3,2a Exkurs) wurde gezeigt, dass das Grab Jesu nicht leer sein musste, nach damaligem frühjüdischen Verständnis nicht und nach heutigem theologischen Verständnis ebenso wenig. Es wurde gezeigt, dass man Auferweckung der Person bzw. ihre Erhöhung im Tod zu Gott gerade ohne Öffnung und Leerwerden der Gräber gedacht hat; die Identität der Person war also nicht durch die Kontinuität der Körpermaterie gewährleistet. Das Neue, das man von Gott erhofft, die neue »Leibhaftigkeit« darf also nicht mit materieller Körperlichkeit gleichgesetzt, sondern muss total anders verstanden werden.

Es bleibt also nun genauer zu bedenken, was leibliche Auferstehung heißen könnte.

Hier kann ein Blick auf philosophische *Phänomenologie* und neuere Forschung hilfreich sein.[236] Phänomenologie unterscheidet zwischen Körper und Leib: Der Begriff »*Körper*« bezeichnet materielle Gegenstände von einem objektiven, naturwissenschaftlich beschreibbaren Zugang aus, mit dem Begriff »*Leib*« wird das subjektive und intersubjektive Erfahren eingefangen, die individuelle Person in ihrem Verhältnis zu sich selbst und zu den anderen.

Der *eigene Leib* ist das, worin und als was sich das Ich (Subjekt, Selbst) unmittelbar von innen her empfindet und spürt. Aus dem unmittelbar empfundenen eigenen »Leib« entsteht erst mit der Ausbildung des intentionalen Bewusstseins (des Wahrnehmens *von* etwas) die Vorstellung eines objektiven »Körpers«, auf den man z. B. auch kritisch gucken kann, von dem man sich distanzieren kann. Und der *Leib des Andern*? In der ursprünglichen interpersonalen Lebenseinstellung taxieren wir nicht den »Körper« des Andern (stellen ihn auf die Waage usw.), sondern wir erfahren den »Leib« des Andern. Und der ist voller Bedeutung: Ausdrucksgestalt der Person und ihres unverwechselbaren Wesens, Einfallstor und Empfänger für andere, Medium der Beziehung und des Wiedererkennens. Erst wenn wir von dieser bedeutungsvollen Ganzheit abstrahieren, erhalten wir den bloß materiellen Körper.

Körper und Leib sind also nicht dasselbe. Gewiss kennt unsere Alltagserfahrung nur einen Leib, der zugleich auch organisch-körperlich verfasst ist, also mit einem materiellen Körper verklammert ist. Doch *Außer-Körper-Erfahrungen*, die es weltweit, auch bei Atheisten, gibt (und wie sie auch Paulus in 2 Kor 12,2–4 andeutet), deuten auf ein vom materiellen Körper mit seinen Bedürfnissen und Begrenzungen *ablösbares* Ich (Selbst, Person-Kern, Seele) hin, das aber nicht isoliert-bezugslos ist, vielmehr sich selbst spüren kann, andere und ihre Umwelt wahrnehmen kann, also *irgendwie leibhaftig* ist.[237]

> Manche von *Nahtod- bzw. Außer-Körper-Erfahrungen* Betroffene wissen nach ihrer Reanimation Dinge, die während ihres Komas in der äußeren Realität *objektiv nachprüfbar geschehen waren,* die sie aber nicht durch sinnlich-körperliche Wahrnehmung wissen können (weil die physischen Sinne ausgefallen, zudem ihre Augen abgedeckt oder sie gar von Geburt an blind waren). Sie sahen von oben ihren Körper unten auf dem OP-Tisch liegen, sahen und hörten genau, was Ärzte und Helfer taten und sagten, bis hin zu spaßigen Bemerkungen, konnten alles, auch ihnen unbekannte Personen, Räume, Gegenstände exakt beschreiben, usw.[238] Und etwa die Hälfte von ihnen erlebte sich in einem *andersartigen, schwerelosen, immateriellen Körper oder Leib,* der ohne Widerstand durch Mauern, Türen, Decken hindurchgehen konnte; sie mussten nur an jemanden denken, um sofort bei ihm zu sein; doch konnten sie mit den Wahrgenommenen nicht kommunizieren oder sie berühren, und obwohl sie selbst alles sahen und hörten, wurden sie zum eigenen Erstaunen von niemandem bemerkt.[239]

Sie erfuhren sich also nicht als in sich eingeschlossene, beziehungslose Monade (als anima separata), sondern konnten sich ohne Mühe zu Menschen in der materiellen Welt hinbegeben, konnten diese samt ihrer Umwelt mit ungewohnter Klarheit rezeptiv wahrnehmen (allerdings ohne von ihnen wahrgenommen zu werden, ohne sie berühren, mit ihnen kommunizieren oder in Weltzusammenhänge aktiv eingreifen zu können)[240]; und überdies konnten sie – aber das ist nicht empirisch überprüfbar – auch noch in einer anderen Dimension Verstorbenen begegnen, von ihnen wiedererkannt werden, mit ihnen (durch Gedankenkraft) kommunizieren.

Es spricht einiges dafür, dass es ein außersinnliches Wahrnehmungssystem oder Bewusstsein gibt, das ablösbar ist vom hirnbasierten Bewusstsein und funktionierenden Körper mit seinen Sinnen, ein bewusstes Person-Sein, das unabhängig vom hirnbasierten Bewusstsein und den körperlichen Sinnen existieren kann. Es ist denkbar, dass eine Person aufhören könnte, einen materiell-biologischen Körper zu haben, ohne dass sie aufhört, als Person zu existieren.

Wenn wir mit *Seele* diesen Person-Kern (genauer: die Einheit von bewusster Ich-Perspektive, geistigen Fähigkeiten sowie Geöffnet-Sein fürs Ganze und seinen göttlichen Grund) bezeichnen, dann wäre also eine individuelle Seele *nie ohne* unverwechselbare innere Gestalt mit Sich-Spüren und Bezogen-Sein auf andere und Welt, m. a. W. *nie ohne eine Art Leibhaftigkeit* (d. h. von subjektivem und sozialem Erfahren).

Im jetzigen Leben in dieser materiellen Welt realisiert sich die Person mit ihren Beziehungen in einem funktionierenden Körper und Gehirn, also in einer materiell-biologischen Struktur, die im Tod zusammenbricht und dann zerfällt, von der sich die Person aber in extremen Grenzerfahrungen (wie Außer-Körper-Erfahrungen) schon vor dem Tod vorübergehend, wenngleich noch verschränkt, ablösen kann (und sich dabei in anderer, schwereloser, immaterieller Bezugsgestalt oder Leibhaftigkeit erfahren kann). Im Tod geschähe dann der Übergang der Person (mit ihrem Bezogen-Sein auf andere) von der erdenschweren, materiell-körperlichen, vergänglichen Realisierungsform *in* die transzendente Dimension Gottes und damit in eine andere, dieser Dimension entsprechende *immateriell-unvergängliche* Realisierungsform, die uns jetzt noch entzogen ist. Und Grenzerfahrungen (wie Außer-Körper-Erfahrungen) könnten ein Vorschein davon sein.

> Die Bibel denkt mit den Begriffen Leib und Seele nicht (platonisch) zwei Teile des Menschen, sondern jeweils die eine unverwechselbare Person, aber unter verschiedenen Hinsichten betrachtet. Im Begriff »Seele« (hebr. néfesch: Kehle, Seele; ntl. psyché: Lebensodem, belebtes Wesen, Seele) denkt sie die Person unter dem Aspekt, dass die *Person ein von Gott her lebendiges einmaliges Individuum* ist. Im Begriff »Leib« (basár, gufá, ntl. sóma) denkt sie die Person unter dem Aspekt, dass die individuelle *Person in Gemeinschaftsbeziehungen* lebt, mit anderen und mit der ganzen Schöpfung verbunden und auf sie bezogen ist. In der Bibel können daher beide Begriffe, Leib wie Seele, an die Stelle des Personalpronomens »ich« treten.[241]

Leib meint biblisch also die individuelle Person, die in Gemeinschaftsbeziehungen lebt.[242] Wenn man von Auferstehungs*leib* sprechen will, so beinhaltet dieser biblisch *immer* die Identität (Selbigkeit) der Person samt ihren Beziehungen zu Gemeinschaft und Welt, *nicht* jedoch eine *materielle* Identität mit dem begrabenen oder vernichteten Körper.[243] Also Kontinuität und Diskontinuität zugleich.

Paulus dachte ganz von dem her, was ihm in seiner Ostererfahrung vom auferweckten und neu gegenwärtigen Herrn aufgegangen ist. Was er von der Leiblichkeit der auferweckten Toten sagt, ist von der Auferstehung Christi her gewonnen. So denkt er (in 1 Kor 15,35–44.50) an ein völlig neues »leibhaftiges«, d. h. personal identisches und gemeinschaftsbezogenes Leben der auferweckten Toten, das mit dem materiellen Körper, mit der begrabenen Leiche, nicht direkt etwas zu tun hat: Das verwesliche »Fleisch und Blut kann die Unverweslichkeit nicht erben« (1 Kor 15,50); »gesät wird ein verweslicher, natürlicher Leib, auferweckt wird ein unverweslicher, pneumatischer Leib« (1 Kor 15,42.44), d. h. ein von Gottes Pneuma gewirkter und durchseelter Leib. Das neue »leibhaftige«, d. h. personal identische und gemeinschaftsbezogene Leben der auferweckten Toten wird durch das Pneuma, die lebensschaffende Gegenwart Gottes, gewirkt und bestimmt.

Und im Streitgespräch mit Sadduzäern, die Auferstehung als Rückkehr in frühere Verhältnisse missverstehen und daher eine so verstandene Auferstehung mit Recht ablehnen, hatte Jesus für ein anderes Verständnis votiert: Wenn sie auferstehen, essen, trinken, heiraten nicht mehr, sondern sind »wie Engel in den Himmeln« (Mk 12,24f). Die Metapher »wie Engel in den Himmeln« besagt: in einer ganz anderen Seinsweise in der Dimension Gottes, also »verwandelt« (wie 1 Kor 15,51f; Phil 3,21; 2 Kor 3,18 dann sagen).

»Leibhaftige« Auferstehung kann daher *nicht* Restitution irgendeines früheren Zustandes meinen, auch nicht Verbesserung und Steigerung des jetzigen irdischen Lebens, also nicht dessen Top-Ausführung (wie in vielen Paradiesvorstellungen). *Vielmehr* besagt Auferstehung im Verständnis Jesu und des Paulus etwas radikal Neues: den Ausstieg der Person »leibhaftig« (d. h. mit ihrer Geschichte und ihren Beziehungen) aus einer vergänglichen materiell-biologischen Lebensform in der materiellen Welt und ihr Eingehen in ein radikal andersartiges, unzerstörbares, unvergängliches Leben in der transzendenten Dimension Gottes, m. a. W.: in »ewiges« Leben.

Und dabei, so gibt biblischer Glaube zu hoffen, werden nicht einfach die früheren Beziehungen der Person wiederhergestellt (so dass die gescheiterten, zerstörten, verweigerten Beziehungen der Person bleiben, wie sie sind, und ihre un-eingeholten Möglichkeiten auch un-eingeholt bleiben). Es wird *nicht das Frühere wiederhergestellt und festgeschrieben, vielmehr wird alles verwandelt*: heil-gemacht, geläutert, zurecht-gebracht, »ge-richtet«, erlöst, einer erfüllenden Vollendung zugeführt. Die Person wird ihrer zutiefst gesuchten und ersehnten, ihrer eigentlichen und wahren Identität zugeführt, ihrem wahren Selbst.

Die Person verliert im Tod ihre abgegrenzte Körperlichkeit, wird aber in der Auferstehung nicht beziehungslos; das von Gott geschenkte neue Leben betrifft nicht ein isoliertes Individuum. Vielmehr besagt leibhaftige Auferstehung dies: dass die unverwechselbar selbe Person mit dem zu ihr gehörenden Bezogensein auf andere und mit ihrer Geschichte von Gott aufgefangen, aufbewahrt, gerettet wird. Dies aber nicht so, wie sie war (z. B. mit kaputten Beziehungen und verweigerten Möglichkeiten), sondern ganz-gemacht, geheilt, vollendet.

Ein Doppeltes muss daher biblisch unbedingt festgehalten werden, und genau darauf zielt die Rede von der *Leibhaftigkeit* der Auferstehung: dass die von Gott auferweckte und in sein Leben geborgene Person *identisch bleibt* und vollends wird *und* zwar so, dass der Bezug der Person zu den anderen nicht abbricht, sondern durch die verwandelnde Kraft des Gottesgeistes geheilt und entgrenzt wird, d. h. die Person öffnet sich zu allen Wesen hin.

Eben dies meint auch die Rede vom *»pneumatischen«* (= ganz vom Pneuma Gottes durchseelten) *Leib* der Auferweckten bei Paulus (1 Kor 15,44).

> Paulus gebraucht hier den griechischen Ausdruck *pneuma* (Hauch, Atem, Leben, Geist) und nicht *nous* (Sinn, Verstand, Vernunft, menschlicher Geist, Weltgeist), spricht also vom pneumatischen und nicht vom geistigen Leib. Im NT ist Gott pneuma (Joh 4,24) und Gottes In-Sein-in-uns heißt pneuma (d. h. Gottes Atem, Odem oder »Heiliger Geist«); Gottes ›Geistigkeit‹ ist von ganz anderer Art als alle in der Welt anzutreffende Geistigkeit, die nur ein Gleichnis von ihr sein kann.

Paulus bezeichnet mit *pneumatischem Leib* die in ihren Beziehungen vom Pneuma (Gottes und Christi) geprägte Person. Ihre Prägung vom Pneuma kann und soll *schon vor dem Tod beginnen*, indem Menschen »sich leiten lassen von Pneuma« Gottes und Christi (Röm 8,14). Das Pneuma sei uns ins Herz gegeben wie ein »Vorschuss« (2 Kor 1,22; 5,5), wie ein Keim oder eine Vorstufe für das unvergleichlich Herrliche (1 Kor 2,9; Röm 8,18), das als Vollendung erhofft wird. Gott, der Jesus vom Tod erweckt hat, werde auch uns *in unserm Tod* »lebendig machen – durch sein Pneuma, das *schon in uns wohnt*« (Röm 8,11). Indes, durch genau diesen Geist der Liebe, der in uns ist und uns leiten soll, werden wir jetzt schon, sagt Paulus, fortschreitend »von Herrlichkeit zu Herrlichkeit« in das Bild Christi umgestaltet (2 Kor 3,18). Und: »Auch wenn unser äußerer Mensch zerstört wird« (durch Vorboten des Todes und schließlich durch diesen selbst), »unser *innerer* Mensch wird von Tag zu Tag erneuert« (2 Kor 4,16–18). »Wer in Christus (d. h. im Strahlungs- und Wirkfeld Christi) ist, der ist eine neue Schöpfung; das Alte ist vergangen, Neues ist geworden« (2 Kor 5,17). Paulus denkt also an einen im jetzigen Leben beginnenden *Prozess der Wandlung* des Ich hin zu seinem eigentlichen, wahren Selbst, das ganz vom Geist Gottes und Christi geprägt und deshalb grenzenlos liebesfähig ist.

Exkurs: Und was ist mit der Materie?[244]

Joseph Ratzinger hat 2004 geschrieben: Gott »ist kein Willkür-Gott. Er respektiert die Gesetze der Schöpfung und die Freiheit des Menschen, die er selbst gestiftet hat.« Doch im Widerspruch dazu fährt er dann fort: »Ein Gott, der nicht auch an der Materie handeln könnte, wäre ein ohnmächtiger Gott – die Materie wäre sozusagen eine dem Handeln Gottes entzogene Sphäre.« Deswegen hält Ratzinger fest an Jungfrauengeburt und Auferstehung aus dem dann leerem Grab. Dabei gehe es »darum, ob die Materie der Macht Gottes entzogen ist oder nicht.«[245] Und 2012 fügt er hinzu: »Wenn Gott nicht auch Macht über die Materie hat, dann ist er eben nicht Gott.«[246]

Rückfrage: Respektiert Gott also die Gesetze der Schöpfung doch nicht? Hat er die materielle Welt nicht ernsthaft in ihre Eigendynamik freigelassen und damit seine All-Macht begrenzt?[247] Warum soll Gott nicht Gott sein, wenn er den materiellen Kosmos mit seinen eigenen Gesetzen hat entstehen und werden lassen, mit der Folge, dass er in diese Gesetze, in die Materie, gerade nicht willkürlich eingreift, sondern nur zum Ziel kommen kann, soweit diese Gesetze und die Menschen für seine

Aber wenn er Macht hat über Materie und nicht eingreift ⇒ dann ist er nicht gut. (Theodizee)

Absichten offen sind? Ist ›die Materie‹ nicht dienendes Mittel für etwas anderes? Dienendes Mittel, das irgendwann zerfällt, in sich selbst zusammenfällt? Das, wie es geworden ist, auch wieder vergeht? Materielle Körperlichkeit und Materialität insgesamt zerfallen: individuell und vielleicht auch kosmisch.

Unser materieller Körper ist gewiss nichts Geringes oder gar Negatives (wie dualistische Weltanschauungen meinen). Er ist ein Wunderwerk. Und er ist unser Realisierungsmedium in der materiellen Welt, das mit seinen Potentialen und Defekten unsere Erfahrungen ermöglicht und mitprägt. Ein kostbares, schönes, fragiles und vergängliches Wunderwerk. Dieser materielle Körper wird im Tod zurückgelassen und zerfällt, geht über verschiedene organische Prozesse in einfachere Stoffe über.

Und der materielle Kosmos? Was wird mit ihm sein? Wir wissen es nicht. Astrophysiker und Kosmologen entwerfen ferne Zukunftsszenarien. Doch keiner kann sagen, was sich hinter der sogenannten Dunklen Materie oder der Dunklen Energie verbirgt und *wie schnell* das Universum expandiert. Je nachdem könnte nämlich das Universum in ferner Zukunft entweder sich wieder zusammenziehen und erneut expandieren oder aber sich immer weiter ausdehnen, langsam ausglühen, einem zunehmenden thermischen Gleichgewicht zustreben (bei dem alle Vorgänge zum Stillstand kommen) und so im Wärmetod einmal alle organisierte und geordnete Gestalt verlieren. Wie er entstanden und geworden ist, so könnte der materielle Kosmos auch wieder vergehen.

Ist also unser materieller Körper das *kostbare Medium,* das uns in der materiellen Welt werden lässt, wachsen lässt und innerlich reifen lässt? Und ist die materiell verfasste Welt, so staunenswert sie sein kann, *»Material«, Vehikel und Medium für etwas anderes*: für »Geist«, für Personalisierung, für Realisierung von

Bei-sich-Sein und Über-sich-hinaus-Sein, von Miteinander, von Mitgefühl, Solidarität, Liebe und Gemeinschaft? Und ist es dies, was in der ganz anderen Dimension Gottes seine ungeahnte Vollendung finden soll?[248]

Ist das *materielle Universum* mit seinen ungeheuren Ausdehnungen letztlich *Medium* für etwas anders: für das Auftreten von Leben, von beseeltem, fühlendem Leben und von intelligentem Leben[249]? Die Evolution ist ja vom Urknall an immer wieder voll extremster Unwahrscheinlichkeiten, ohne welche Leben im Kosmos und auf unserer Erde nie möglich geworden wäre (z. B. in den ersten Nanosekunden die Feinabstimmung der vielen Naturkonstanten; hätte auch nur eine von ihnen sich mit einem geringfügig anderen Wert eingependelt, so wäre nie Leben möglich geworden; auch sonst mussten viele extremen ›Zufalls‹-Bedingungen erfüllt sein).[250] Ohne diesen Riesenaufwand gäbe es kein Leben, keine beseelten Lebewesen und auch uns Menschen nicht. Trifft es zu, dass der unbegreifliche Urgrund aller Wirklichkeit diesen Riesenaufwand zuließ, freiließ, weil er auf beseelte Lebewesen und Menschen hinaus will, also »weil er Andere als Mitliebende haben möchte«, wie Duns Scotus meinte[251]? Gewiss, das ist angesichts der kosmischen Dimensionen und erst recht angesichts des Leids fühlender Wesen und der leidvollen Menschheitsgeschichte eine abenteuerliche, eine abgründige Annahme. Das begreife, wer will.

Aber es ist die Hoffnung derer, die sich an den Galiläer Jesus halten. Ist dieser Jesus Christus, an den unsere Zeitrechnung (vor und nach Christi Geburt) sich hält, etwa doch der *Höhe*-punkt aller Zeit und »die *Mitte* der Zeit« (Oscar Cullmann), so dass wir gut daran tun, uns ernsthaft an ihm zu orientieren?

d) Auferstehung im Tod und ewiges Leben?

(1) *Auferstehung erst am Jüngsten Tag oder schon im Tod?* In der Bibel gibt es beide *Vorstellungsmodelle.*

Die *eine* Vorstellung (Auferstehung am Jüngsten Tag) ist durch das apokalyptische Weltbild bedingt, wo man eine *kollektive* Auferstehung der Toten für das nahe Weltende erwartet hat. Paulus lebt in akuter Naherwartung des Endes. Daher kann er diese Vorstellung verwenden, muss sie nur (aufgrund seiner Ostererfahrung) zweifach modifizieren: Auferstehung nicht auf eine erneuerte Erde, sondern in den Himmel Gottes hinein und Auferstehung Jesu als singulärer Auftakt der – nun zeitlich etwas gestreckten – kollektiven Totenauferstehung am Weltende.

> Probleme treten freilich dann auf, wenn man am apokalyptischen Schema (kollektive Auferstehung am Weltende) festhält und dieses Ende ausbleibt. Was dann? Ein *Zwischen- und Wartezustand* für die einzelnen schon vorher Verstorbenen, deren Seele schon glückselig bei Gott ist, aber noch auf die Auferweckung ihres Körpers (»Fleisches«) am Weltende warten muss? Genau dies wurde seit dem 2. Jahrhundert immer wieder angenommen.
>
> Doch das ist ein missglücktes Vorstellungsmodell voller Widersprüche[252]. Wenn z. B. die leiblose Seele nach dem Tod schon »wahrhaft glückselig« sein und »das ewige Leben haben« könne (so 1336 *Papst Benedikt XII*: DH 1000), aber dennoch auf die spätere Auferweckung ihres materiellen Körpers am Weltende warten muss, dann fragt es sich, was die spätere »Hinzufügung des Fleisches«[253] (Irenäus, Adv. haer. V 6,1) substantiell Neues bringen soll; sie ist überflüssig geworden. Andererseits: Was soll eine nackte beziehungslose Seele sein,

eine fensterlose Monade? Eine beziehungslose anima separata, das wäre nicht ich, Menschsein käme ihr nicht zu, sagte Thomas von Aquin und fügte hinzu: wenn sie »das Heil erlangte, dann wäre nicht ich oder ein Mensch im Heil«[254].

Oder das Problem einer »Zeit« »nach« dem Tod: Ist der Tod für den Gestorbenen nicht Ausstieg aus der uns geläufigen, in ein Nacheinander der Momente zerfallenden Zeit und Eintreten in die transzendente Ewigkeitsdimension Gottes? Ein Nacheinander und Warten auf noch Ausstehendes gibt es gewiss für uns, die wir noch im Zeitfluss sind, also in unserer Hinterbliebenenperspektive. Aber darf man ein Nacheinander und Warten auf für uns noch Ausstehendes (etwa auf das Weltende) auch ins Jenseits der Todesgrenze projizieren und in Gottes Ewigkeit eintragen?

Das tut allerdings eine *naive Vorstellung*, welche Gott und die Verstorbenen auf einer höheren Ebene parallel zu unserer Zeitebene (ebenfalls in einem Nacheinander und Warten-Müssen) mitlaufen lässt. Hilfreicher wäre eine *andere Bildvorstellung*[255]: Ein Halbkreis über einem Mittelpunkt. Auf dem Halbkreis (mit Welt-Anfang, -Höhepunkt und -Ende) lägen all die zahllosen Zeitpunkte der Welt-, Menschheits-, Lebensgeschichte, sie befänden sich alle in Äquidistanz zum Mittelpunkt, der nun die Ewigkeit symbolisiert (wer immer stirbt, stirbt aus der Zeit in die Ewigkeit hinein). Natürlich ist auch dies ein Bild-Vergleich, der hinkt: Gottes Ewigkeit darf ja nicht als Punkt gedacht werden, als Stillstand und Starre, sondern meint Lebensfülle.

Nun gibt es aber beim selben Paulus wie auch sonst in der Bibel (s. o. Kap. 3,2a. Exkurs) noch eine *zweite, andere* Vorstellungsreihe (Auferstehung im Tod), nach der die einzelne verstorbene Person schon unmittelbar mit dem Tod in das ewige Leben Gottes eingeht: »*Heute noch* wirst du *mit mir* im Paradiese sein«, sagt der Gekreuzigte zum reumütigen Schächer (Lk 23,43; vgl. auch Lk 16,22). Oder Paulus kann im Gefängnis, die drohende Hinrichtung (nicht das Weltende!) vor Augen, schreiben, er habe Lust zu sterben und ganz, nicht »nackt«, bei Christus zu sein (Phil 1,22–24 bzw. 2 Kor 5,1–8). Oder das JohEv kann die *Erhöhung* (also die Auferweckung) Jesu auch *bereits am Kreuz* erfolgen sehen (8,28; 12,32–34)[256], und sagen, wer Jesus nachfolgt, werde mit seinem Tod bei Christus sein im Leben Gottes (Joh 11,25; 12,23–26.32f). Auf dieser Linie konnte die kirchliche Tradition für Märtyrer und andere privilegierte Personen (Patriarchen, Apostel, Maria, den reumütigen Schächer) eine volle Auferstehung und ewiges Leben bereits mit ihrem Tod annehmen. Wenn aber, so hat Karl Rahner gefragt, prinzipiell eine *sofortige Auferstehung im Tod* möglich ist, warum soll dies dann nur für ein paar Ausnahme- und Sonderfälle gelten? Von den biblischen Grundlagen her wie aus systematischen Gründen leuchte viel eher ein, dass die Auferstehung für jeden Menschen bereits in seinem persönlichen Tod sich ereigne.[257]

»Du kannst nicht tiefer fallen als nur in Gottes Hand«[258], können Glaubende sagen. Gott ist gegenwärtig, auch in unserem Sterben und Tod. Wir sterben in Gott hinein, und auferstehen in ihm. Er ist es, der die Person in ihrem Tod nicht ins Nichts fallen lässt, sondern sie ›leibhaftig‹ (d.h. sie höchstpersönlich mit ihrem Bezogensein auf andere) auffängt, »festhält« und »aufnimmt« in seine Dimension (wie Ps 63,9 sagen kann). So gesehen werden die Verstorbenen unmittelbar mit dem Tod in die Ewigkeits-Dimension Gottes aufgenommen und damit in eine dieser entsprechende immaterielle, unvergängliche Seinsweise.

Das Denkmodell »Auferstehung im Tod« macht eine Synthese möglich: Wenn der Tod für den Verstorbenen Ausstieg aus der uns geläufigen, in ein Nacheinander der Momente zerfallenden (Raum-)Zeit und Eingehen in die allgegenwärtige Ewigkeit Gottes bedeutet, dann wäre die Alternative »entweder Auferstehung im Tod oder Auferstehung am Jüngsten Tag« hinfällig. Denn was man herkömmlicherweise »Jüngsten Tag« nennt (Wiederkunft Christi, Gericht, Vollendung), das würde für jeden Menschen *in seinem Tod unmittelbare Realität: in* meinem Tod erlebe ich den ›wiederkommenden‹ Christus (er ist es, der mir entgegenkommt und mich aufnimmt).

(2) Was könnte ewiges Leben bedeuten?

Anders als im alltäglichen Wortgebrauch (»das dauert eine Ewigkeit«) ist der philosophische und religiöse Begriff von Ewigkeit kein Zeitbegriff (nicht quantitativ endlose Dauer) sondern ein Qualitätsbegriff. Der antike Philosoph *Boethius* (480–524), Berater am Hof des Ostgotenkönigs Theoderich in Ravenna und dann aufgrund falscher Beschuldigungen (Hochverrat, Verbindung mit Ostrom) in Ungnade gefallen, schrieb im Kerker kurz vor seiner Hinrichtung: »Ewigkeit ist der völlige und zugleich vollkommene Besitz unbegrenzbaren Lebens, wie aus dem Vergleich mit dem Zeitlichen noch klarer erhellt«. Boethius unterschied nämlich zwischen aeternum und perpetuum: *perpetuum* ist die unechte oder schlechte Ewigkeit, die endlose Dauer mit ständigem Werden und Vergehen, die, wie er sagt, vielleicht dem zeitlich anfang- und endlosen Kosmos zukommen mag. Aber *aeternum*, »der völlige und vollkommene Besitz unbegrenzbaren Lebens«: solch echte Ewigkeit kommt allein Gott (dem Ewigen) zu.[259] Das NT hatte gesagt: Einzig »ihm allein« (1 Tim 6,16) kommt »Unvergänglichkeit« »Unverweslichkeit«

»unsterbliche Lebendigkeit« zu (1 Kor 15,42–54; Röm 1,23; 1 Tim 1,17).

Ewiges Leben könnte folglich nur darin bestehen, dass endliche, vergängliche Geschöpfe an Gottes unvergänglicher Lebendigkeit Anteil bekommen. Ewiges Leben wäre dann nicht endlose Monotonie und Langeweile, sondern »Leben in Fülle« (Joh 10,10), voll ungeahnter Möglichkeiten und freudiger Überraschungen, in einer all-umfassenden Familie, wie Jesus sie anzielte (vgl. Mk 3,33–35). Glückseligkeit (beatitudo), sagte die christlichen Tradition. Augustinus (354–430) konnte seine Hoffnung so formulieren: »Wir werden uns erfreuen an Gott und aneinander *in* Gott«.[260] Viel verhaltener dann mitten im Weltkrieg 1941 Arno Pötzsch: »Wir sind von Gott umgeben, auch hier in Raum und Zeit, und werden in ihm leben und sein in Ewigkeit«.[261]

Was hier zu denken wäre, lässt sich freilich nur in *Paradoxen* andeuten: Einerseits wären unsere Raum-Zeit-Kategorien (mit Auseinanderfall von Hier und Dort, Früher und Später) zu übersteigen, andererseits wäre aber auch nicht Zusammenfall in einem Punkt zu denken (das wäre ja wieder raum-zeitlich), also gerade nicht differenzlose All-Einheit, spannungsloser Stillstand und Starre (das Ende aller Möglichkeiten), sondern eben *Lebendigkeit* Gottes und ewiges Leben, ein (irgendwie prozessuales) Beziehungsgeschehen voll unbeschreiblicher Überraschungen und Möglichkeiten. Sobald man freilich von diesem Unbeschreiblichen sprechen will, gerät man unwillkürlich wieder in raum-zeit-verhaftete Bilder und Gleichnisse, in »Meta-phern«, die uns »hinüber-tragen« sollen in das Unsagbare.

e) Gericht und Versöhnung?

Was aber, *wenn ein Mensch nicht will*, wenn er sich den Andern und Gott bis zuletzt verweigert? Dann hätte Gott, der nach dem NT das Verlorene sucht (Lk 15) und »will, dass alle gerettet werden« (1 Tim 2,4), einen Menschen definitiv verloren, und das wäre für ihn wie eine Niederlage und ein bleibender Schmerz. Es wäre ›die Hölle‹ für Gott – *und* für die ›familia dei‹.

Gibt es eine ewige Verweigerung? Und eine ewige Verdammnis? Wer an Jesus und seinem Evangelium von Gott festhält, kann nur *hoffen* (nicht wissen!), dass es Gott gelingt, am Ende doch noch jeden zu gewinnen und zu verwandeln. Dass also – bildlich gesprochen – die Hölle leer bleibt und dennoch *Gerechtigkeit* im Gericht hergestellt wird.

Oder sollen wir etwa nicht zur Rechenschaft gezogen werden? Und sollen die Schurken sich einfach aus der Weltgeschichte ins Nichts wegstehlen dürfen? Die humane Vernunft *fordert*[262] und der jüdische wie der christliche Glaube *hofft*, dass es – um der Opfer von Lüge, Unrecht, Gewalt willen – ein Gericht und Gerechtigkeit gibt. Aber muss das wirklich Rache, Vergeltung, Verdammnis bedeuten? Oder müsste man nicht etwas anderes annehmen?

Wenn Gott, wie Jesus ihn bezeugt[263], der Richter wäre, müsste dann *sein* Richten nicht ein *Richtig-machen* bedeuten? Ein *Auf*-Richten der Erniedrigten, das ihnen ihr Recht und ihre Würde zurückgibt (befreiend für sie), und ein *Zurecht*-Richten der Übeltäter (das könnte nur ein einschneidender Wandlungsprozess für sie sein, geht es doch um Herauslösung aus der Verkrümmung in sich selbst und der Verachtung anderer).

Also *keine Verharmlosung* der großen Menschheitsverbrechen, keine großzügige Vergebung *ohne* Umkehr der Täter. Nur dann, wenn die Täter *anders* geworden sind, wenn sie ihrer Schuld sich stellen, deren Folgen für die Opfer selbst schmerzlich fühlen und voll tiefer Scham und Reue, von innen heraus nach Vergebung schreiend, sich ihren Opfern zukehren, nur dann kann es für ihre Opfer möglich werden, ihnen die Hand der Aussöhnung zu reichen. (Und über die Opfer hinweg, ohne *ihre* Bereitschaft zur Versöhnung, kann letztlich auch Gott sich nicht mit den Tätern versöhnen, da hat Dostojewskijs Iwan Karamasow völlig Recht.) Nur wenn im Täter wirklich eine Wandlung passiert ist, er selbst nicht immer noch ›der alte‹ ist, sondern sich zutiefst verändert hat, nur dann kann es Versöhnung geben.

Dürfen wir das überhaupt zu hoffen wagen: die Wandlung, Rettung und Versöhnung *aller*? Andererseits: Mit *weniger* kann sich die Hoffnung auf den Gott Jesu nicht zufrieden geben! Wie aber soll das möglich werden? Hierzu ein gewagter Denkversuch (der nicht ohne zeitliche Vorstellungen auskommt):

Wenn im Sterben und Tod *Gott* uns *nicht mehr verstellt* durch schiefe Bilder und schlechte Vorbilder, sondern *so* begegnet, wie er (nach dem Zeugnis Jesu) wirklich ist: pure Güte, Barmherzigkeit, Liebe – ohne finsteres Hintergesicht; wenn wir Gott *so* erfahren, wird es uns allen (auch dem schlimmsten Verbrecher) dann nicht wie Schuppen von den Augen fallen? Merke ich dann im Licht dieser Güte urplötzlich, was an mir dieser Güte nicht entspricht, aber auch, was ihr entsprochen hat? So dass ich mich ehrlich mit der Wahrheit meines Leben konfrontiere (mit meinen Abgründen und dem Negativen genauso wie mit dem Guten, das von mir ausging, vielleicht ohne dass ich es wusste)? Dann könnte ich mich nur in das Erbarmen Gottes (und der Anderen) hineinfallen lassen.

Und zugleich könnte sich eine neue, endgültige Chance auftun. Denn in der endgültigen Begegnung mit Gott heißt es womöglich nicht: Du hast Zeit genug gehabt, jetzt ist es zu spät. Bei uns Menschen gibt es ein Zu-Spät. Aber bei Gott? Selbst im Ende könnte sich noch eine radikale Wandlung ereignen. Allerdings würde das dann nicht bloß so nebenbei passieren, sozusagen mit einer leichten Flanke (*keine »billige Gnade«*, die uns nachgeworfen wird), sondern es wäre wohl ein äußerst schmerzhafter, vielleicht fürchterlicher Prozess (wie eine Strafe und Befreiung zugleich), wenn der verstockte Mensch endlich die Güte Gottes an sich heranlässt, d. h. sich von vielem zu trennen hat, was in seinem Leben mit ihm zusammengewachsen und fast zu seiner zweiten Natur geworden ist.

Im jetzigen Leben geht es ja um allmähliche Reifung weg von unserer Egozentrik hin zu einer Güte, die sich für andere öffnet. Und was wir diesbezüglich hier und jetzt versäumen, werden wir möglicherweise später nachzuholen haben – im Prozess der Begegnung mit Gott, umfangen, berührt, (aus unseren Verhärtungen) ›aufgetaut‹ von seinem Wohlwollen, das uns erreicht und verwandelt. Wir müssten uns nur annehmen *lassen*, die Tür von innen öffnen (nicht zuhalten). Ist ein solches letztes Gewandelt-werden *im* Tode denkbar, ohne im jetzigen Leben *vor* dem Tod als gefährlicher Freibrief für kaltlächelnden Egoismus missbraucht zu werden?

Ich fragte: Was ist, wenn ein Mensch *nicht will*, wenn er sich der Güte, die alle erreichen möchte, bis in sein Sterben hinein verweigert? Dazu eine gewagte Hoffnung, wieder in Form einer *Frage*: Wenn wir im Tod dieser Güte begegnen, wie sie ist, lautere Liebe – ob sich ihr dann überhaupt noch ein Mensch verweigern will, oder ob er nicht, entwaffnet von der unverstellten puren Liebe, sagt: ich *kann* gar nicht anders als tief beschämt umkehren und zurücklieben, aber ich *will* auch gar nicht mehr

anders? Ich – von Gottes Liebe zu meiner wahren Freiheit befreit
– ich *will* gar nicht mehr anders.

Eine offene Frage. Kein Wissen. Eine gewagte Hoffnung (extrapoliert aus der Gottesbotschaft Jesu). Nicht ohne Zweifel.

Nachdenklich stimmt ein Text von Marie Luise Kaschnitz
(1901–1974):

> *Glauben Sie, fragte man mich,*
> *an ein Leben nach dem Tode?*
> *Und ich antwortete: Ja.*
> *Aber dann wusste ich keine Auskunft zu geben,*
> *wie das aussehen sollte dort.*
> *Ich wusste nur eins:*
> *keine Hierarchie auf goldenen Stühlen sitzend,*
> *kein Niedersturz verdammter Seelen.*
> *Nur,*
> *nur Liebe, frei gewordene,*
> *niemals aufgezehrte, mich überflutend.*
> *Mehr also, fragten die Frager,*
> *erwarten Sie nicht nach dem Tode?*
> *Und ich antwortete:*
> *Weniger nicht.*[264]

f) Der Christus praesens

Was mit Gott gemeint ist, der unfassliche Urgrund aller Wirklichkeit, Gott – ist in allem gegenwärtig, uns immer ko-präsent, gerade auch im Moment des Todes. Diesem unsagbar nahen Gegenwärtigen hatte sich der gekreuzigte Jesus in einem letzten Schrei anheimgegeben, in ihn ist er hineingestorben, von ihm wurde er *in* seinem Tod aufgefangen und gerettet, m. a. W.: auferweckt, erhöht.[265] Er selbst leibhaftig, d. h. mit seinem liebenden Bezug zum Vater und zu den anderen Menschen.[266]

Das bedeutet auch: Jesus, der in seinem irdischen Dasein und Sterben der Intention nach *für alle offen* war, aber diese Offenheit aufgrund seiner materiell-körperlichen Begrenztheit nicht allen Armen, Kranken, Sündern gegenüber konkret realisieren konnte, ist *in seiner leibhaftigen Auferstehung*, seinem neuen Leben in und aus Gott, nun auch faktisch ent-grenzt und grenzenlos *allen* ganz konkret *zugewandt*: gleichsam die ausgestreckte ›Hand‹ Gottes, die jeder und jede ergreifen kann. Und wer sie ergreift, wird damit Glied am »Leibe Christi« (1 Kor 12,27; vgl. Röm 12,5), an dem möglichst alle Glieder werden sollen. Von diesem ekklesialen ›Leib‹ Christi und vom eucharistischen ›Leib‹ Christi (also seiner personalen Gegenwart und im Zeichen sinnlich spürbaren Selbstgabe an die zum Herrenmahl Versammelten) zu sprechen, ist nur möglich aufgrund der leibhaftigen Auferstehung Jesu im angedeuteten Sinn.[267]

Wie in Kapitel 3,2b gezeigt, beschreiben die Ostererzählungen der Evangelien, anders als sie oft missverstanden werden, gerade nicht, was am Ostertag im Jahre 30 alles abgelaufen ist, vielmehr sprechen sie von dem *Christus praesens*, von dem hier und heute – aus der unsagbar nahen Dimension Gottes heraus – verborgen gegenwärtigen Jesus Christus, der mit uns geht (vgl. Lk 24,13–16; Mt 18,20; 28,20), der in den Geringsten dieser Erde auf uns wartet (vgl. Mt 25,31–45; Mk 9,37). Von diesem verborgen gegenwärtigen Christus *geht ein Beziehungs- und Wirk-Feld aus*, das man mit Worten wie »Pneuma/Atem/Geist Christi«, »Leib Christi« und »In-Christus-Sein« anvisieren konnte.

Der in Gott geborgene und aus der Dimension Gottes allen zugewandte Jesus Christus wirkt in und unter uns durch sein

Pneuma (seinen Geist). Seine jetzige Gegenwart ist eine noch verborgene. Aber es gibt nach dem NT sichtbare Zeichen, die ihn repräsentieren:

(1) Wort und Sakrament: Nur weil er von Gott her lebendig gegenwärtig ist, kann im Evangelium er selbst uns ansprechen, im Mahl er selbst sich uns geben (vgl. die Emmauserzählung).

(2) Nur deshalb kann er auch, wo zwei oder drei in seinem Namen versammelt sind, »mitten unter ihnen« sein (Mt 18,20), kann diese Gemeinschaft sein irdischer »Leib« sein (1 Kor 12,12f.17), kann sie sein – oft sehr schwaches – »Zeichen und Werkzeug« in der Welt und für die Welt sein (Zweites Vatikanisches Konzil, Kirchenkonstitution »Lumen Gentium« 1, 9; 48).

(3) Und in den Ärmsten und Geringsten dieser Erde wartet er selbst *inkognito* auf uns und unsere Tat der Gerechtigkeit und Barmherzigkeit (vgl. Mt 25,31–45; Mk 9,37; Befreiungstheologie Puebla Nr. 31–39). In den Armen, Hungernden, Verfolgten, den Vernachlässigten, den »Niemanden« wartet *er* auf uns. Was für ein Anspruch!

3. Zum Schluss: Auferstehung jetzt, oder: Aufsteh-Religion, weil Auferstehungs-Religion

Der sozial- und kirchenkritische katholische Schriftsteller und Umweltaktivist *Carl Amery* (1922–2005) hat gelegentlich geäußert, wir Christen müssten uns *»vom Osterfaktor erholen«*, von der falschen Meinung nämlich, Jesus Christus würde wegen seiner Auferstehung uns primär auf ein Leben nach dem Tod ausrichten, wo er uns doch vielmehr ans jetzige Leben verweist, damit wir dort das Reich Gottes und seine Gerechtigkeit suchen (Mt 6,33).

Noch deutlicher hatte der evangelische Theologe *Dietrich Bonhoeffer* (1906–1945), der als Mitglied des Widerstands 1943 verhaftet und noch in den letzten Kriegstagen (am 9.4.1945) im KZ Flossenbürg hingerichtet wurde, immer wieder die *Diesseitigkeit* des Christentums betont. Gott sei »*mitten in unserem Leben jenseitig*«; das uns von Gott geschenkte Leben auf dieser Erde gelte es dankbar-verantwortlich zu leben und nicht vorzeitig zu überspringen. »Beten und das Gerechte tun« war eine seiner Devisen. Aus der für ihn tödlich endenden Haft schrieb er: »Nur wenn man das Leben und die Erde so liebt, dass mit ihr alles verloren und zu Ende zu sein scheint, darf man an die Auferstehung der Toten und eine neue Welt glauben.«[268]

Das ist ganz jesuanisch; denn für Jesus stand das *Reich Gottes jetzt*, die alle suchende Güte Gottes, die jetzt schon die Menschen erreichen möchte, im Zentrum des Interesses, der Blick auf ein Leben nach dem Tod rutschte an den Rand. Und – recht verstanden – weist gerade auch die Überzeugung von der Auferweckung Jesu in die Nachfolge des irdischen Jesus; denn durch die Auferweckung des gekreuzigten Jesus wird ja der irdische *Jesus mit seiner Botschaft und Praxis* von Gott bestätigt und definitiv in Geltung gesetzt, für alle Welt. Der irdische und auferweckte Jesus sucht also Nachfolger, nicht bloß Nachdenker oder Anbeter.

Wer im Sinne Jesu und des NT an Gott glaubt, für den gibt es *schon jetzt*, längst vor dem Tod, eine Wiedergeburt, eine Auferstehung, ein ewiges Leben, das der Tod nicht zerstören kann. Das NT enthält deswegen eine Vielzahl von Heilungs-, Aufrichtungs- und *Aufsteh-Geschichten*, in denen am Boden liegende Menschen sich wieder erheben, wieder aufatmen, ihres Lebens

wieder froh werden können, weil sie sich in ihrer Würde geach-
tet sehen und ihnen jemand beim Aufstehen hilft. Und dasselbe
NT kann das Bild des Auferstehens auch für das *Auferstehen* des
Menschen *aus dem Tot-sein mitten im Leben* verwenden (man kann
ja, egoistisch in sich verkrümmt, mitten im Leben tot sein). So
sagt im Gleichnis vom verlorenen (aber dann doch heimgekehr-
ten und vom Vater gütig aufgenommenen) Sohn der Vater: »Dieser mein Sohn war tot und ist wieder lebendig geworden«
(Lk 15,24.32). Und die johanneischen Schriften lassen das *ewige*
Leben, wiewohl es Endgültigkeit erst mit dem physischen Tod
erlangt, schon hier und heute beginnen, dort nämlich, wo der
Mensch *den andern liebt und das Gerechte tut* (1 Joh 2,29; 3,7.10;
Joh 5,24; 8,51). Wer dies zu leben versucht, »der *hat* schon ewiges Leben, er *ist* aus dem Tod ins Leben hinübergegangen«
(Joh 5,24; 1 Joh 3,14; hier wird hinzugefügt: »wer nicht liebt,
bleibt im Tod«).

Die Großen der christlichen Geschichte (Augustinus, Thomas von Aquin, Martin Luther) unterscheiden daher »*zwei Auf-*
erstehungen« (duae resurrectiones): zum einen die *tägliche* Auferstehung aus dem Tod des Egoismus (des Verkrümmt-seins in
sich selbst und Abgeschnittenseins vom Lebensgrund Gott, von
den anderen, auch von sich selbst) und zum andern die *zukünf-*
tige, vollkommene Auferstehung aus dem physischen Tod (das
definitive Hinüber- und Heimgehen in das ewige Leben Gottes).
Sie verstehen Auferstehung als einen *großen Prozess der Wandlung*,
der beginnt mit dem Sich-Öffnen für Gott und für die andern
bzw. mit dem Gläubig-Werden und der Taufe (als Untertauchen
oder Sterben des alten Menschen und Auferstehen eines neuen
Menschen; vgl. Röm 6,3f oder 2 Kor 5,17). Luther konnte dras-
tisch sagen, wir sollten »täglich unter die Taufe kriechen und
den alten Adam ersäufen, täglich, denn das Biest kann schwim-

men«. Also ein großer Prozess der Wandlung, der das ganze Leben durchzieht, bis hin zum Tod und der endgültigen Verwandlung.

Solch *leibhaftiges Auferstehen* zu neuem Leben *hier und heute* kann sich nicht auf die eigene Innerlichkeit beschränken. Es wird konkret in den zwischenmenschlichen Beziehungen, in den sozialen Verhältnissen (mit ihren Ungerechtigkeiten und Ausgrenzungen), im Umgang mit den natürlichen Lebensgrundlagen (Luft, Wasser, Boden, Klima, Tiere usw.). Da kann man sich nicht fein heraushalten, sondern muss Stellung beziehen und aktiv werden. In einem Osterlied des Pfarrers und Dichters Kurt Marti heißt es:

Das könnte den Herren der Welt ja so passen,
wenn erst nach dem Tode Gerechtigkeit käme,
erst dann die Herrschaft der Herren,
erst dann die Knechtschaft der Knechte
vergessen wäre für immer.

Das könnte den Herren der Welt ja so passen,
wenn hier auf der Erde stets alles so bliebe,
wenn hier die Herrschaft der Herren,
wenn hier die Knechtschaft der Knechte
so weiterginge wie immer.

Doch ist der Befreier vom Tod auferstanden,
ist schon auferstanden und ruft uns jetzt alle
zur Auferstehung auf Erden,
zum Aufstand gegen die Herren,
die mit dem Tod uns regieren.[269]

An Jesus orientiertes Christentum ist *Aufsteh-Religion,* nicht bloß Auferstehungs-Religion. Ja, gerade *weil* es *Auferstehungs-Religion* ist, ist es Aufsteh-Religion, die auf Erden nicht alles so weiterlaufen lässt, wie es eben ist und läuft. Es befähigt zur *Compassion* mit den Leidenden (J. B. Metz), ermutigt zum Eintreten für ein gerechteres Miteinander, zum *Aufstand* der Güte und Liebe gegen Ungerechtigkeit, Ausgrenzung, Hass, Lüge, Gewalt, Missbrauch, Hunger, Elend. Zu einem Aufstand der Güte und der Liebe und zum »Kampf mit versöhntem Herzen« (Roger Schutz), mit Empathie und Geduld, nicht mit Bitterkeit, Hass und Aggressivität. Miteinander und füreinander.

> *ihr fragt*
> *wie ist*
> *die auferstehung der toten?*
> > *ich weiß es nicht*

> *ihr fragt*
> *gibt's*
> *eine auferstehung der toten?*
> > *ich weiß es nicht (ich hoffe es)*

> *ich weiß*
> *nur*
> *wonach ihr nicht fragt:*
> > *die auferstehung derer die leben*

> *ich weiß*
> *nur*
> *wozu Er uns ruft:*
> > *zur auferstehung heute und jetzt*[270]

Ob es eine Auferstehung der Toten gibt, hängt ganz davon ab, ob der Gott Israels und Jesu, der Gerechtigkeit und Güte für alle will, »wirklich« ist und die unendliche Sehnsucht der Menschen nach Gerechtigkeit und Sinn deshalb Grund hat. Wenn Gott nicht wäre, dann hätte die Natur in den Menschen ein völlig unsinniges Verlangen erweckt, das nichts und niemand einlösen kann. Wenn Gott nicht wäre, dann würde nichts und niemand den zu Tode Gequälten in Auschwitz und in aller Welt jemals eine Gutmachung verschaffen. Dann müssten wir die Verlierer, die Opfer unseres Treibens, die verhungerten Kinder, die Verstorbenen, denen wir vieles verdanken oder schulden, einfach aus unserem Gedächtnis verdrängen, um unser bisschen Glück nicht zu trüben. Wer nicht an Gott glaubt, muss mit einem Riesenverdrängungsapparat leben. Wenn man aber seine eigene Ohnmacht und Schuld zugibt und sich weigert, die Opfer zu vergessen, wenn man die Forderung nach Gerechtigkeit und Sinn für sie aufrechterhält, dann muss man streng genommen entweder in Verzweiflung oder zumindest in Resignation und in untröstliche Trauer verfallen, oder aber es stellt sich unabweisbar die Frage nach einer rettenden Wirklichkeit, die auch noch an das für uns Vergangene rühren und es gutmachen kann, die Frage nach Gott.

Ohne Gott gibt es keine Auferstehung der Toten. Und ohne Gott fehlt auch unserem Aufstehen für mehr Gerechtigkeit die entscheidende Basis und Kraftquelle.

Mehrfach verwendete Literatur

Hinweis: Literatur, die nur einmal verwendet wird, wird in den Anmerkungen aufgeführt.

Becker, Jürgen: Jesus von Nazaret, Berlin-N. Y. 1996.

Becker, Jürgen: Die Auferstehung Jesu Christi im Neuen Testament. Ostererfahrung und Osterverständnis im Urchristentum, Tübingen 2007.

Bickermann, Elias: Das leere Grab, in: ZNW 23 (1924), 281–292. Nachdruck in: Paul Hoffmann (Hrsg.): Zur neutestamentlichen Überlieferung von der Auferstehung Jesu, Darmstadt 1988, 271–284.

Bloch, Ernst: Das Prinzip Hoffnung, Frankfurt/M. 1959.

Bösen, Willibald: Der letzte Tag des Jesus von Nazaret. Was wirklich geschah, Freiburg 1994.

Bösen, Willibald: Auferweckt gemäß der Schrift. Das biblische Fundament des Osterglaubens, Freiburg 2006.

Bultmann, Rudolf: Das Evangelium des Johannes (Göttingen [15]1957).

Crossan, John Dominik: Der historische Jesus, München 1994.

Crossan, John Dominic: Jesus. Ein revolutionäres Leben, München 1996.

Dalferth, Ingolf U.: Volles Grab, leerer Glaube?, in: ZThK 1998, 379–409.

Denzinger, Heinrich: Kompendium der Glaubensbekenntnisse und kirchlichen Lehrentscheidungen, hrsg. von P. Hünermann, Freiburg 2005 (abgekürzt: DH).

Ebner, Martin: Jesus von Nazaret in seiner Zeit. Sozialgeschichtliche Zugänge, Stuttgart 2003.

Eckstein, Hans-Joachim; Welker, Michael (Hrsg.): Die Wirklichkeit der Auferstehung, Neukirchen 2002.

Essen, Georg: Historische Vernunft und Auferstehung Jesu. Theologie und Historik im Streit um den Begriff geschichtlicher Wirklichkeit, Mainz 1995.

Flusser, David: Jesus, Reinbek 1968.

Frenschkowski, Marco: Art. Vision I–IV, in: TRE 35 (2003), 117–135.

Frey, Jörg; Schröter, Jens (Hrsg.): Deutungen des Todes Jesu im Neuen Testament, Göttingen 2005.

Fried, Johannes: Kein Tod auf Golgotha. Auf der Suche nach dem überlebenden Jesus, München 2019.

Gnilka, Joachim: Jesus von Nazaret. Botschaft und Geschichte, Freiburg 1990.

Grönbold, Günter: Jesus in Indien. Das Ende einer Legende, München 1985.

Heininger, Bernhard: Paulus als Visionär. Eine religionsgeschichtliche Studie, Freiburg 1996

Hengel, Martin: Mors turpissima crucis, in: J. Friedrich u. a. (Hrsg.): Rechtfertigung (FS E. Käsemann), Tübingen/Göttingen 1976.

Hoffmann, Paul:, Auferstehung (NT), in: Theologische Realenzyklopädie, Bd. IV (Berlin 1979), 478–509.

Hoffmann, Paul; Heil, Christoph: Die Spruchquelle Q. Studienausgabe Griechisch und Deutsch, Darmstadt [3]2009.

Homolka, Walter: Der Jude Jesus – eine Heimholung, Freiburg 2020.

Hoping, Helmut: Jesus aus Galiläa – Messias und Gottes Sohn, Freiburg 2019.

Kasper, Walter: Jesus der Christus, Freiburg 1974.

Kellermann, Ulrich: Überwindung des Todesgeschicks in der alttestamentlichen Frömmigkeit vor und neben dem Auferstehungsglauben, in: ZThK 73 (1976) 259–282.

Kellermann, Ulrich: Auferstanden in den Himmel. 2 Makkabäer 7 und die Auferstehung der Märtyrer, Stuttgart 1979.

Kessler, Hans: Die theologische Bedeutung des Todes Jesu. Eine traditionsgeschichtliche Untersuchung, Düsseldorf 1970, ²1971.

Kessler, Hans: Erlösung als Befreiung, Düsseldorf 1972.

Kessler, Hans: Sucht den Lebenden nicht bei den Toten. Die Auferstehung Jesu Christi in biblischer, fundamentaltheologischer und systematischer Sicht (1985), stark erweiterte Neuausgabe Würzburg ⁴1995 (=Topos-Taschenbuch ⁵2002, ⁶2011).

Kessler, Hans: Christologie, in: Handbuch der Dogmatik, Düsseldorf 1992 (⁵2013), Bd. 1, 241–442.

Kessler, Hans: Rezension zu Ulrich B. Müller: Die Entstehung des Glaubens an die Auferstehung Jesu (1998), in: Theologische Revue 95 (1999) Nr. 2, 115–118.

Kessler, Hans: Gott und das Leid seiner Schöpfung. Nachdenkliches zur Theodizeefrage, Würzburg 2000 (Tb-Ausgabe: Das Leid in der Welt – ein Schrei nach Gott, Kevelaer 2007).

Kessler, Hans: Rezension von H.-J. Eckstein & M. Welker (Hrsg.): Die Wirklichkeit der Auferstehung, Neukirchen 2002, in: Theologische Revue 100 (2004), 390–394.

Kessler, Hans: Wie Auferstehung denken? in: Christ in der Gegenwart 58 (2006) Nr. 16 (= Osterausgabe), 125f.

Kessler, Hans: Der Kreuzestod Jesu – Opfer, Sühne, Stellvertretung? Zum Tod Jesu und seiner Deutung, in: ders.: Den verborgenen Gott suchen. Gottesglaube in einer von Naturwissenschaften und Religionskonflikten geprägten Welt, Paderborn 2006, 190–212.

Kessler, Hans: Evolution und Schöpfung in neuer Sicht, Kevelaer 2009 (⁵2017).

Kessler, Hans: Im Streit um die Wirklichkeit. Mit Naturwissenschaft begründeter Atheismus und die Frage nach Gott, in: Christian Tapp und Christof Breitsameter (Hrsg.): Theologie und Naturwissenschaften, Berlin-Boston 2014, 255–293.

Kessler, Hans: Was kommt nach dem Tod? Über Nahtoderfahrungen, Seele, Wiedergeburt, Auferstehung und ewiges Leben, Kevelaer 2014, ²2016.

Kessler, Hans: Allmacht oder Ohnmacht? Über Gottes Wirken in der Welt, in: ders.: Gott – warum er uns nicht loslässt, Kevelaer 2016, 55–95.

Kessler, Hans: Personale Identität und leibliche Auferstehung. Systematisch-theologische Überlegungen. Response auf Georg Gasser, in: Handbuch für Analytische Theologie, hrsg. von Georg Gasser, Ludwig Jaskolla und Thomas Schärtl, Münster 2017, 641–666.

Kessler, Hans: Trinität? Der eine Gott – dreifaltig, in: Eulenfisch. Limburger Magazin für Religion und Bildung Nr. 24 (2020), 6–13 und 124.

Klauck, Hans-Josef: Apokryphe Evangelien. Eine Einführung, Stuttgart 2002.

Klausner, Joseph: Jesus von Nazareth. Seine Zeit, sein Leben und seine Lehre, Berlin 1930 (hebräisch: Jerusalem 1922).

Kremer, Jacob: Die Osterevangelien. Geschichten um Geschichte, Stuttgart-Klosterneuburg 1977

Leidhold, Wolfgang: Gottes Gegenwart. Zur Logik religiöser Erfahrung, Darmstadt 2008.

Lehmann, Karl: Auferweckt am dritten Tag nach der Schrift, Freiburg 1968.

Limbeck, Meinrad: Christus Jesus. Der Weg seines Lebens. Ein Modell, Stuttgart 2003.

Lohfink, Gerhard: Jesus von Nazaret. Was er wollte, wer er war; Freiburg 2011;

Lohfink, Gerhard: Der Ablauf der Osterereignisse und die Anfänge der Urgemeinde, in: ThQ 160 (1980) 162–176.

Lüdemann, Gerd: Die Auferstehung Jesu, Göttingen 1994.

Lüke, Ulrich: Auferstehung – Im Tod? Am Jüngsten Tag?, in: Hans Kessler (Hrsg.): Auferstehung der Toten. Ein Hoffnungsentwurf im Blick heutiger Wissenschaften, Darmstadt 2004, 234–251.

Menke, Karl-Heinz: Jesus ist Gott der Sohn. Denkformen und Brennpunkte der Christologie, Regensburg 2008.

Most, Glenn W.: Der Finger in der Wunde. Die Geschichte des ungläubigen Thomas, München 2007.

Müller, Karlheinz: Möglichkeit und Vollzug jüdischer Kapitalgerichtsbarkeit im Prozess gegen Jesus von Nazaret, in: Karl Kertelge (Hrsg.): Der Prozess gegen Jesus, Freiburg 1988, 41–83.

Müller, Ulrich B.: Die Entstehung des Glaubens an die Auferstehung Jesu. Historische Aspekte und Bedingungen, Stuttgart 1998.

Müller, Ulrich B.: Auferweckt und erhöht. Zur Genese des Osterglaubens, in: NTS 54 (2008) 201–220.

Pannenberg, Wolfhart: Systematische Theologie, Bd. 2, Göttingen 1991; Bd. 3, Göttingen 1993.

Pesch, Rudolf: Das Markusevangelium Bd. 2, Freiburg 1977 (^{2}1980).

Pesch, Rudolf: Über das Wunder der Jungfrauengeburt. Ein Schlüssel zum Verstehen, Urfeld 2002.

Ratzinger, Joseph (Benedikt XVI.): Jesus von Nazareth, Zweiter Teil: Vom Einzug in Jerusalem bis zur Auferstehung, Freiburg 2011.

Reinbold, Wolfgang: Der älteste Bericht über den Tod Jesu. Literarische Analyse und historische Kritik der Passionsdarstellungen der Evangelien, Berlin 1994.

Ruschmann, Susanne: Maria von Magdala im Johannesevangelium. Jüngerin – Zeugin – Lebensbotin, Münster 2002.

Schärtl, Thomas: Was heißt »Auferstehung des Leibes«?, in: G. Brüntrup; M.Rugel (Hrsg.): Auferstehung des Leibes – Unsterblichkeit der Seele, Stuttgart 2010, 59–80.

Schenke, Ludger: Jesus vor dem Dogma. Zur inneren Überzeugungskraft der Worte Jesu, Stuttgart 2014.

Schnackenburg, Rudolf: Das Johannesevangelium Bd. 3, Freiburg 1975,

Schneemelcher, Wilhelm (Hrsg): Neutestamentliche Apokryphen in deutscher Übersetzung Bd. 1 (Evangelien), Tübingen 1959.

Schrage, Wolfgang: Der erste Brief an die Korinther, Teil 4, Düsseldorf u. a. 2001.

Schreiber, Stefan: Die Anfänge der Christologie. Deutungen im Neuen Testament, Neukirchen-Vluyn 2015.

Schröter, Jens: Jesus von Nazaret. Jude aus Galiläa – Retter der Welt, Leipzig 2006.

Theissen, Gerd; Merz, Annette: Der historische Jesus. Ein Lehrbuch, Göttingen 1996, [3]2001.

Theobald, Michael: Angefochtener Osterglaube – im Neuen Testament und heute, in: ThQ 193 (2013), 4–31.

Theobald, Michael: Haben die frühen Christen Jesus »vergöttlicht«?, in: ThQ 193 (2013), 294–320.

Theobald, Michael: »Ich sah den Satan aus dem Himmel stürzen«. Überlieferungskritische Beobachtungen zu Lk 10,18–20, in: ders.: Jesus, Kirche und das Heil der Anderen, Stuttgart 2013, 59–75.

Tiwald, Markus: Die Logienquelle. Text, Kontext, Theologie, Stuttgart 2016.

Tiwald, Markus: Kommentar zur Logienquelle, Stuttgart 2019.

Vermes, Géza: Jesus der Jude. Ein Historiker liest die Evangelien, Neukirchen-Vluyn 1993.

Vermes, Géza: Die Passion. Die wahre Geschichte der letzten Tage im Leben Jesu, Darmstadt 2006.

Vögtle, Anton; Pesch, Rudolf: Wie kam es zum Osterglauben?, Düsseldorf 1975.

Vollenweider, Samuel: »Ich sah den Satan wie einen Blitz vom Himmel fallen« (Lk 10,18), in: ZNW 79 (1988), 187–203.

Wanke, Joachim: Die Emmauserzählung, Leipzig 1973.

Wittgenstein, Ludwig: Schriften Bd. 1, Frankfurt/Main 1960.

174

Anmerkungen

[1]   Sabine Rückert (stellvertretende Chefredakteurin der ZEIT) und ihre Schwester Johanna Haberer (lehrt Christliche Publizistik an der Universität Erlangen), in: Zeit-Magazin Nr. 16 (8. April 2020), S. 14–23. Auf *ZEIT ONLINE* haben sie das Podcast für Kirchenferne »Unter Pfarrerstöchtern« (www.zeit.de/unter-pfarrerstoechtern).

[2]   Superintendent i. R. Ernst Vielhaber, in: Deutsches Pfarrerblatt 2019, Nr. 4, S. 190–195.

[3]   Unsere Kirche 2020, Nr. 5, S. 2.

[4]   Das Lied (aus Landshut 1777) steht im Gotteslob (im »Eigenteil des Erzbistums Paderborn«), Nr. 752.

[5]   Besonders wichtig *Jürgen Becker*, Die Auferstehung Jesu Christi im Neuen Testament, Tübingen 2007.

[6]   *Joseph Ratzinger* (Benedikt XVI), Jesus von Nazareth, II (Freiburg 2011), 280–282; *Helmut Hoping*, Der Galiläer Jesus. Messias und Gottes Sohn, Freiburg 2019, 126–134.

[7]   *Hans Kessler*, Sucht den Lebenden nicht bei den Toten. Die Auferstehung Jesu Christi in biblischer, fundamentaltheologischer und systematischer Sicht (1985, [2]1987, [3]1989). Erheblich erweiterte Neuausgabe [4]1995 (= Topos-Taschenbuch [5]2002, [6]2011).

[8]   Als Literatur ist durchgehend hilfreich: *Gerd Theissen und Annette Merz*, Der historische Jesus. Ein Lehrbuch, Göttingen 1996, [3]2001. Dazu kommen viele bibelwissenschaftliche Werke über den historischen Jesus, so etwa *Jürgen Becker*, Jesus von Nazareth, Berlin-N. Y. 1996; *John D. Crossan*, Der historische Jesus, München 1994; ders., Jesus. Ein revolutionäres Leben, München 1996; *Joachim Gnilka*, Jesus von Nazaret. Botschaft und Geschichte, Freiburg 1990; *Martin Ebner*, Jesus von Nazaret in seiner Zeit. Sozialgeschichtliche Zugänge, Stuttgart 2003; *Jens Schröter*, Jesus von Nazaret. Jude aus Galiläa – Retter der Welt, Leipzig 2006; *Gerhard Lohfink*, Jesus von Nazaret. Was er wollte, wer er war; Freiburg 2011; *Ludger Schenke*, Jesus vor dem Dogma. Die innere Überzeugungskraft der Worte Jesu, Stuttgart 2014; *Walter Homolka*, Der Jude Jesus – eine Heimholung, Freiburg 2020; *Géza Vermes*, Jesus der Jude. Ein Historiker liest die Evangelien, Neukirchen-Vluyn 1993; ders., Die Passion. Die wahre Geschichte der letzten Tage im Leben Jesu, Darmstadt 2006.

[9]   Dazu *Michael Theobald*, Haben die frühen Christen Jesus »vergöttlicht«?, in: ThQ 193 (2013), 294–320.

[10]   Ausführlich dazu *Theißen-Merz*, Der historische Jesus 73–95.

[11]   *Josephus* war Priestersohn und Pharisäer aus begüterter Familie, im jüdisch-römischen Krieg zunächst Befehlshaber der jüdischen Offensive in Galiläa (66 nC), geriet in römische Kriegsgefangenschaft, wird Dolmetscher des Feldherrn Vespasian; nachdem dieser Kaiser geworden war, wie Josephus ihm zuvor prophezeit hatte, ließ der ihn frei; seitdem lebte Josephus als Schützling der Flavier (deswegen der Beiname Flavius Josephus) in Rom und verfasste dort seine

historischen Schriften (Bellum Judaicum um 79/80; Antiquitates Judaicae um 93/94 nC).

¹² Vgl. dazu u. a. *Joseph Klausner*, Jesus von Nazareth, Berlin 1930, 17–57.

¹³ Eine informative Übersicht bieten *Theissen-Merz*, Der historische Jesus, 51–69. – Die Texte sind zusammengestellt und kommentiert in *Wilhelm Schneemelcher* (Hrsg), Neutestamentliche Apokryphen in deutscher Übersetzung Bd. 1 (Evangelien), Tübingen 1959; vgl. auch *Hans-Josef Klauck*, Apokryphe Evangelien. Eine Einführung, Stuttgart 2002. – Von den vielen Evangelien christlicher Rand-Gruppen sind meist nur Textstücke als Zitate bei altkirchlichen Autoren wie Irenäus von Lyon (um 180), Tertullian (um 200) und anderen erhalten.

¹⁴ *Gnosis* wird eine Strömung in gewissen religiösen Zirkeln genannt, die für sich höhere *Erkenntnis* (griech. Gnosis) beanspruchten; sie haben eine geistig-göttliche Welt und eine dunkle Materie-Welt unterschieden und jetzige Erlösung durch Erkenntnis des Geistig-Göttlichen vertreten.

¹⁵ Vom *Thomasevangelium* wurde um 1946 bei Nag Hamadi in Ägypten eine vollständige Version gefunden (eine koptisch-gnostische Sammlung von 114 Jesus-Sprüchen, etliche ähnlich wie in der Logienquelle Q, aber auch seltsame wie Spruch 114, wonach Frauen, um erlöst zu werden, Männer werden müssen; nach Sprüchen 27; 49; 56; 75; 80 muss man sich der Welt enthalten und den Weg zurück zum himmlischen Königreich suchen). – Und 2006 wurde ebenfalls in Ägypten eine vollständige Handschrift des koptisch-gnostischen *Judasevangeliums* gefunden, das (vor 180) Judas als den treuesten Freund Jesu darstellt, den Jesus selbst beauftragt, ihn an seine Feinde auszuliefern, damit er durch seine Kreuzigung die Herrscher dieser Welt täusche und den Menschen das Heil bringe; das wird als die höhere Gnosis (Erkenntnis) verstanden. – Zum neuerdings von Matthias Klinghardt und Markus Vincent hochgespielten, auch nur aus Zitaten bekannten, Evangelium des Gnostikers *Markion* von Sinope (um 130), einer Bearbeitung des LkEv, vgl. die sachkundige Besprechung von *Barbara Aland* in der Theologischen Literaturzeitung 141 (2016), Nr. 11, Spalte 1226–1230.

¹⁶ Von ihm gibt es vollständige Fassungen. Es war im Volk beliebt, weil es die Neugier der Leute stillte mit Stories über Marias eigene wunderbare Geburt, ihre bleibende Jungfräulichkeit (von der Hebamme überprüft), über den Säugling Jesus, der schon erste Wunder wirkt, usw.

¹⁷ Diese Datierung (um 70) ergibt sich u. a. daraus, dass sich im MkEv der jüdisch-römische Krieg (66–74 nC) deutlich niederschlägt, und zwar in Abschnitten, die sich auf die Gegenwart des Verfassers und seiner Leser beziehen. Umstritten ist, ob die in Mk 13,2 angekündigte Tempelzerstörung, die im Jahre 70 erfolgte, schon geschehen ist oder noch erwartet wird. Deswegen die Datierung um 70.

¹⁸ *Meinrad Limbeck*, Christus Jesus. Der Weg seines Lebens, Stuttgart 2003, 10–13, nennt Einzelheiten, auf die ein Augenzeuge eher unbeabsichtigt und nebenbei zu sprechen kam und die sich am besten erklären als lebhafte Erinnerungen (des Petrus) an tatsächliche Ereignisse im Leben Jesu: Allein Mk berichtet, dass »die Sonne untergegangen war«, als man die ersten Kranken in Kafarnaum zu

Jesus brachte (Mk 1,32f), dass Jesus auch dem Jakobus und Johannes einen Beinamen (»Donnersöhne«) gegeben hat, der später vergessen wurde (3,17). Allein Mk erwähnt, dass Jesus zu der nach Meinung der Leute schon gestorbenen 12jährigen Tochter des Synagogenvorstehers Jairus aramäisch »Talita kum!« gesagt hat (5,41f) und zu dem Taubstummen »Effata!« (7,34). Nur von Mk erfahren wir, dass Jesus die Kinder, die seine Jünger abgewiesen hatten, »in seine Arme nahm« (10,16) und dass er den reichen Jüngling zu lieben begann (10,21). Und nur im MkEv lesen wir von Jesu eigenartig distanziertem Verhalten, als er zum ersten Mal den Tempel betrat, sich alles ansah und dann wegging (11,11.16).

[19] *Heidrun E. Mader*, Markus und Paulus, Paderborn 2020, untersucht die Beziehungen von Markus und Paulus und nimmt an, dass Markus den Paulus als Gefangenen in Rom wiedersah, wo er auch sein MkEv schrieb.

[20] Der Bericht des Papias ist überliefert bei Eusebius (+ 339), Kirchengeschichte III, 39,15. – Mk schreibt kein gutes (Koiné-) *Griechisch*, und es ist *voller* Semitismen bzw. *Aramäismen*.

[21] Die judenchristliche Gemeinde, die Gewalt und Krieg ablehnte, hatte schon zu Beginn des Krieges Jerusalem verlassen und war in das Gebiet östlich des Jordans (Pella) geflohen.

[22] Die sog. Logienquelle Q ist erschlossen aus den zahlreichen gemeinsamen Texten, die Mt und Lk neben ihrem Mk-Stoff bieten und die sie nachweislich unabhängig voneinander aufgenommen haben. Die in Q gesammelten Logien Jesu gehen teilweise sicher auf aramäische Worte und damit auf die Anfänge nach Ostern zurück. – Vgl. dazu Paul Hoffmann und Christoph Heil, Die Spruchquelle Q. Studienausgabe Griechisch und Deutsch, Darmstadt ³2009; Markus Tiwald, Die Logienquelle. Text, Kontext, Theologie, Stuttgart 2016; ders., Kommentar zur Logienquelle, Stuttgart 2019.

[23] Beispiele: Jesus am Ölberg (für sein Gebet Mk 14,34–37 gab es ja keine Zeugen). Oder Jesus vor dem Hohenpriester (kein Jünger war dabei; Mk 14,53–64 legt Jesus das Bekenntnis der damaligen Gemeinde in den Mund). Oder Versuchungen Jesu (bei Mk 1,12f nur angedeutet, bei Mt 4,1–11/Lk 4,1–13 ausgestaltet, aber Zeugen gab es ja nicht).

[24] Eine informative Übersicht über die Phasen der historischen Jesusforschung gibt *Ebner*, Jesus, 10–20.

[25] Vgl. *Ebner*, Jesus 109–113. Dort 117–119 auch, die Forschung zusammenfassend: die beiden widersprüchlichen und historisch nicht auswertbaren Kindheitserzählungen bei Mt 1f und Lk 1f »wollen als poetische Ausfaltung der David-Sohnschaft Jesu gelesen werden. Es geht um das urchristliche *Bekenntnis* zu Jesus als Messias im Rahmen der jüdischen Königsideologie.« Das MkEv wisse nichts von einer Geburt Jesu in Bethlehem, das JohEv stelle sie direkt in Abrede (Joh 7,41f). – Dazu, ob die Davidsohnschaft Jesu nur ein messianisches Postulat war oder ob der Vater Jesu aus dem Hause David stammte (Lk 1,27; 2,4) und die Familie sich von David herleitete (vgl. Röm 1,3f und Mk 10,47f), vgl. Theissen-Merz, Der historische Jesus, 182–184.

[26] Der griechische Text der Evangelien lässt mit dem Terminus »adelphós« keinen Zweifel daran, dass leibliche Brüder gemeint sind (Mk 6,3; vgl. 1 Kor 9,5); für Cousin/Vetter gab es ein eigenes Wort: anepsiós (vgl. Kol 4,10).

[27] Später jedenfalls hat er hellenistische Städte nicht mehr betreten.

[28] *L. Schenke*, Jesus vor dem Dogma, 27: »So eigenartig es uns anmuten mag, als Historiker müssen wir feststellen, dass Jesus, als er sich auf den Weg zu Johannes machte, sich ebenfalls als jemanden angesehen hat, der dem Gericht Gottes verfallen war. ... Da er Mensch war, musste er so von sich denken, wenn er sich aus der Perspektive der Heiligkeit Gottes wahrnahm.« – Nach Ostern wurde das zunehmend entschärft, der »Kommende« (Menschensohn?), von dem der Täufer sprach, wurde mit Jesus identifiziert und der Täufer als Vorläufer Jesu verstanden.

[29] Sozialhistorische Untersuchungen ergaben, dass die jüdische Landbevölkerung Galiläas unter Ausbeutung, steuerlichen Abgaben für Rom und für den Tempel, täglicher römischer Militärgewalt, Schuldversklavung, Hunger, Epidemien und sozialer Entwurzelung zu leiden hatte. Vgl. etwa *David L. Balch und John E. Stambough*, Das soziale Umfeld des NT, Göttingen 1992.

[30] Auch Jesus spricht vom *Gericht*, aber es ist nicht das Zentrum, und er spricht davon in Mahnworten und Mahngleichnissen (z. B. vom reichen Kornbauern Lk 12,16–21), um die Lebensumkehr dringlich zu machen. Schreckenerregende Gerichtsschilderungen finden sich dagegen bei Mt, der – wie ein synoptischer Vergleich zeigt – eine Vorliebe hat für Lohn und Strafe und für Wendungen wie »Tag des Gerichtes«, »hinauswerfen in die Finsternis draußen«, »dort wird Heulen und Zähneknirschen sein«. Zwar will er damit diejenigen, die nur »Herr, Herr sagen«, aber »keine guten Früchte bringen«, zum »Tun des Willens Gottes« motivieren (Mt 7,15–23). Dennoch bedeutet dies eine problematische inhaltliche Verschiebung gegenüber der Verkündigung Jesu, in deren Zentrum das durch die unmittelbare Nähe Gottes gegebene Lebensangebot steht; *dieses* (nicht die Gerichtsdrohung) ist Motiv der Umkehr.

[31] Dass Täuferjünger dann Jesus nachfolgten, das scheint noch durch in der johanneischen Darstellung Joh 1,35–51, etwa 1,35.37. – In Joh 4,1–3 schimmert noch durch, dass Jesus im Täuferkreis selbst getauft haben könnte (was durch eine Parenthese sofort wieder zurückgenommen wird).

[32] Genaueres dazu bei *Ebner*, Jesus, 100–108. Vgl. außerdem *S. Vollenweider*, »Ich sah den Satan wie einen Blitz vom Himmel fallen« (Lk 10,18), in: ZNW 79 (1988) 187–203; *M. Theobald*, »Ich sah den Satan aus dem Himmel stürzen«. Überlieferungskritische Beobachtungen zu Lk 10,18–20), in: ders., Jesus, Kirche und das Heil der Anderen, Stuttgart 2013, 59–75. – Nach *J. Becker*, Auferstehung 228, könnte das »ich sah« auch »unvisionär ein geistiges Sehen, also ein Urteilen meinen«.

[33] Nachklänge des Jesus-Worts vom Hinauswurf des Satans finden sich in Joh 12,31 und Offb 12,9.

[34] Die Menschen können auch »böse« sein: »Wenn schon ihr, die ihr böse seid, euren Kindern gute Gaben zu geben wisst (und wenn sie euch um ein Ei bitten,

ihnen nicht einen Skorpion gebt), um wie viel mehr wird dann Gott Gutes geben ...« (Lk 11,11–13 par Mt 7,9–11).

35 Sehr oft gebraucht er das Bild vom Vater für Gott (auch mütterliche Bilder), im intimen Gebet spricht er ihn (außer am Kreuz) stets mit abba-Vater an, eine familiäre Vater-Anrede, auf Gott bezogen damals nicht unmöglich, aber selten.

36 Die Menschen in den Religionen, auch in Christentümern, haben ja Angst vor Gott, Angst vor Strafe, vor der Hölle, und sie betreiben einen Riesenaufwand, um ihre Götter oder Gott gnädig zu stimmen (ein Riesenaufwand an Opfern, auch im Jerusalemer Tempel, an Sühne- und Bußhandlungen, später im Mittelalter lange Wallfahrten und Kreuzzüge). Jesus sagt: Man kann Gott *angstlos vertrauen*; man darf ihn, den heiligen Urgrund von allem, zutraulich Abba, lieber Vater, anreden und sich ihm anvertrauen.

37 Vgl. dazu etwa *Theissen-Merz*, Historischer Jesus 256–284. Die Evangelien sprechen von Jesu »Krafttaten« (dynámeis) und »Zeichen« (semeía), die überraschend Hilfe von Gott her zu erfahren geben.

38 So bemerkt *Limbeck*, Christus Jesus, 38.

39 Die Motive Rache und Vergeltung, von denen Jes 35,4 oder 61,2 auch sprechen, lässt Jesus bewusst weg.

40 *David Flusser* (1917–2000), Jesus, Reinbek 1968, 87.

41 Gegen Versuche, Jesus in die Nähe der militanten Aufstandsbewegung gegen die Römerherrschaft zu rücken, ist zu sagen: Gewiss trat Jesus wie die Zeloten für die Ausgebeuteten ein und kritisierte die Mächtigen. Aber in wesentlichen Punkten hat sich Jesus von ihnen unterschieden: Gegen militanten Fanatismus und Gewalttätigkeit setzte er auf nüchterne Lageeinschätzung (z. B. Lk 14,25–33; Mk 12,13–17parr), auf Gewaltverzicht und Feindesliebe (z. B. Mt 5,39–45par). Er isst mit Zöllnern, also Kollaborateuren mit den Römern, anstößig für viele. Und auf eine Fangfrage seiner Gegner, ob man dem Kaiser Steuern zahlen soll oder nicht, antwortete er: »Gebt dem Kaiser, was des Kaisers ist (den Steuergroschen), und Gott, was Gottes ist (euch selbst)« (Mk 12,17parr).

42 Mt und Lk, denen das MkEv vorliegt, streichen dieses wichtige Wort Mk 2,27 (»Der Sabbat ist um des Menschen willen geschaffen, nicht der Mensch um des Sabbat willen«) und lassen nur die folgende christologische Aussage Mk 2,28parr (»Der Sohn des Menschen ist Herr auch über den Sabbat«) stehen.

43 Die erste Kennzeichnung stammt aus der ersten großangelegten wissenschaftlichen Darstellung von Leben und Lehre Jesu vom jüdischen Standpunkt aus gesehen von *Joseph Klausner* (1874–1958), Jesus von Nazareth. Seine Zeit, sein Leben und seine Lehre, Berlin 1930, 573 (hebräisch: Jerusalem 1922); die zweite von dem Neutestamentler *Joachim Jeremias* in seinem Buch über die Gleichnisse Jesu.

44 Vgl. dazu *Peter Trummer*, Steh auf, nimm dein Bett und geh nach Hause. Wie Jesus heilte und heilt, Freiburg ²2013; *Bernd Kollmann und Ruben Zimmermann*, Hermeneutik der frühchristlichen Wundererzählungen, Tübingen 2014; *Ruben Zimmermann* (Hg.), Kompendium der frühchristlichen Wundererzählungen, Bd. 1: Die Wunder Jesu, Gütersloh 2013. – Zur Frage, wie Wunder biblisch und theologisch heute verstanden werden können, vgl. unten Kapitel 5. Jedenfalls nicht

als Aufhebung der Naturgesetze durch direkten übernatürlichen Eingriff Gottes, nicht als willkürliche Interventionen in die innerweltlichen Eigengesetzlichkeiten, sondern eher *innerhalb* der naturgesetzlichen (energetischen, psychischen, interpersonalen usw.), uns vielleicht noch unbekannten, Möglichkeiten.

[45] *Theißen-Merz*, Jesus, 265.

[46] *Rudolf Bultmann*, Das Evangelium des Johannes (Göttingen [5]1957), 83, zeigt, wie das Zeichen der Verwandlung von Wasser in Wein bei der Hochzeit zu Kana sich an antike Legenden vom Weingott Dionysos anlehnt.

[47] Ein Kollege erzählte mir von seiner Nichte, einer jungen Augenärztin, die ihre erste Stelle in einer Klinik antreten sollte. Der Klinikchef hatte gerade keine Zeit, sagte zu ihr: Kümmern Sie sich, bis ich zurückkomme, um den blinden Mann im Nebenzimmer. Sie tat es, sprach mit ihm, ging persönlich auf ihn ein, er begann zu erzählen, von früher, immer weiter, und plötzlich konnte er sehen, ein psychischer Knoten hatte sich gelöst. Als der Klinikchef endlich zurückkam und sah, was geschehen war, sagte er zu der jungen Ärztin: Das wird Ihnen nicht noch einmal passieren (er meinte: weil Sie keine Zeit mehr haben werden zu solch intensiver persönlicher Zuwendung).

[48] Bald nach Jesus freilich sind die mythischen Vorstellungen von Dämonen und Teufel wieder aufgelebt, schon bei der Darstellung der Versuchungen Jesu bei Mt und Lk, der Logienquelle folgend.

[49] Die Nachfolgegeschichten in Mk 1,16–20parr sind literarisch stilisiert, erzählt aus der nachträglichen Perspektive derer, die den Bruch mit ihrer sozialen Vergangenheit (Vater, Schwiegermutter, Familie, Fischer-Beruf usw.) nachträglich bedenken und andere zu ähnlichem Schritt motivieren wollen.

[50] Der kanadische Neutestamentler *John Dominic Crossan*, Jesus – ein revolutionäres Leben (1996), betont, Jesus habe den damaligen Herrschaftsverhältnissen die radikal egalitäre Gottesherrschaft entgegengesetzt, »ein Königreich der Lästigen und Niemande«, zumal in seinen offenen Tischgemeinschaften, die gerade Ausgegrenzte integrierten.

[51] Auffällig: Diese Aussage wird sowohl von Matthäus als auch von Lukas *gestrichen!*

[52] Nach diesem *Bruch zwischen Jesus und seiner Familie* wird diese bis einschließlich Passion und Kreuzigung gänzlich aus der Geschichte Jesu verschwinden, wie die synoptischen Evangelien bezeugen. – Allein das JohEv 19,25–27 lässt die *Mutter Jesu* und den *Lieblingsjünger* beim Kreuz stehen; das ist symbolisch gemeint und nicht historisch verwertbar. Vgl. dazu *Rudolf Bultmann*, Das Evangelium des Johannes (Göttingen [15]1957), 521 und 369: »Die Mutter Jesu, die am Kreuze ausharrt, stellt das Juden-Christentum dar, das den Anstoß des Kreuzes überwindet.« Und der Lieblingsjünger ist keine reale, sondern eine Idealgestalt, er symbolisiert das für alle Völker offene Heiden-Christentum. »Das durch den Lieblingsjünger repräsentierte Heidenchristentum wird angewiesen, jenes (das Judenchristentum) als seine Mutter, aus der es hervorgegangen ist, zu ehren, und jenem (dem Judenchristentum) wird geboten, sich innerhalb des Heidenchristentums ›zu Hause‹, d. h. in die große kirchliche Gemeinschaft eingegliedert zu wissen.«

53 und die heute noch aus Armut in bedrückender Kinderarbeit schuften müssen oder aus gefühllosem Egoismus sexuell missbraucht werden.

54 Jesus sendet die Jünger »je zwei und zwei« aus (Mk 6,7; Lk 10,1); manche Exegeten denken an die Aussendung von Ehepaaren; Petrus hat ja zusammen mit seiner Ehefrau missioniert, ebenso andere Apostel (wie Paulus 1 Kor 9,5 berichtet), und auch sonst werden missionierende Ehepaare wie Priska und Aquila (Apg 18,2; Röm 16,3f) oder Andronikus und Junia (Röm 16,7) genannt. Vgl. dazu etwa *Ebner*, Jesus, 152.

55 »Aug um Auge, Zahn um Zahn, Strieme um Strieme«, Gleiches mit Gleichem vergelten: so steht es in Ex 21,23ff und Lev 24,17–22. Aber so stand es schon 1000 Jahre früher im Codex des altbabylonischen Königs Hammurabi (1728–1686 vC), der wichtigsten Rechtssammlung des Alten Orients, die auf einer Steinsäule erhalten geblieben ist. Dieses Vergeltungsprinzip hatte ursprünglich eine ganz positive Bedeutung: Es hat *der Vergeltung Grenzen gesetzt*. Die Vergeltung soll verhältnismäßig bleiben. Das war ohne Zweifel ein Fortschritt in der Menschheitsgeschichte: Begrenzung der Rache, der Vergeltung, des Zurückschlagens. – Aber nun kommt Jesus und sagt: Schlag überhaupt nicht zurück, steig aus dem Vergeltungs- und Gewaltmechanismus aus! Mehr noch: Mach einen *positiven Schritt auf den andern zu*, auf den andern, der dir schadet, dich verletzt, dir etwas wegnehmen will. Dafür bringen Mt 5,38–42/Lk 6,27–35 etliche Beispiele.

56 So übereinstimmend Joh 18,28; 19,14.31 und Talmud bSanh 43a. – Mk 14,12 dagegen lässt die Kreuzigung am Passafest (das damals zugleich auf den Sabbat fiel) stattfinden – aber das ist historisch ganz unwahrscheinlich (dann wäre z. B. Simon von Cyrene mitten am Sabbat und Passahfest vom Feld gekommen [Mk 15,21], und die Römer hätten mit öffentlichen Hinrichtungen am höchsten jüdischen Fest einen Aufstand provoziert)!

57 Vgl. hierzu z. B. vom jüdischen Historiker *Géza Vermes* (1924–2013), Die Passion. Die wahre Geschichte der letzten Tage im Leben Jesu, Darmstadt 2006 (engl. 2005), 138: »Auf der Basis astronomischer Berechnungen kann … bewiesen werden, dass das Passahfest, das bei Vollmond am 15. Nisan gefeiert wurde, im Jahr 30 n. Chr., dem Jahr der Passion, auf Samstag, den 8. April fiel. Jesus, der am Vortag des Passahfestes gekreuzigt wurde, starb also am Freitag, den 7. April 30 n. Chr.«

58 *Platon* (427–347 vC) schrieb in seiner Politeia II, 361e–362a, »*der wahrhaft Gerechte*« müsse in dieser Welt ein Verkannter und Verfolgter sein, die Augen würden ihm ausgestochen usw., ja »dass er zuletzt nach allen Misshandlungen *gekreuzigt* wird«. – Kreuzigungen waren vom 6. Jahrhundert vC bis zum 4. Jahrhundert nC eine verbreitete Strafe (für Aufständische, Sklaven, Fremde u. a.) bei Ägyptern, Karthagern, Persern und Römern.

59 Zum Folgenden vgl. besonders *Géza Vermes*, Passion; außerdem *Willibald Bösen*, Der letzte Tag des Jesus von Nazaret. Was wirklich geschah, Freiburg 1994, 167ff.; *Wolfgang Reinbold*, Der älteste Bericht über den Tod Jesu, Berlin 1994.

60 Um nur einiges zu nennen: Priester und Leviten für den täglichen Opferkult, Tempeldiener, Tempelpolizei, Schatzmeister, Geldwechsler für die Bezahlung

der verschiedenen Opfergaben und den Einzug der Tempelsteuer (im Tempel war nur die bildlose Silber-Währung aus Tyrus akzeptiert), Beschaffung und Verkauf von Opfertieren, Händler, Handwerker, Herbergen für Pilger usw.

[61] Seine zeremoniellen Gewänder wurden schon von König Herodes und dann ebenso von den Römern aus dem Tempel entfernt, in der Burg Antonia dreifach versiegelt unter Verschluss gehalten und mussten zu religiösen Festen erbeten werden. Das zeigt, wer die Macht hatte.

[62] An hohen Festen ließen sie die Kohorte, die immer in der am Tempel angrenzenden Burg Antonia lag, auf den Dächern der Säulenhallen, die das Heiligtum umgaben, Aufstellung beziehen. Das wissen wir von Josephus (Bell 2,224f; Ant 20,106f).

[63] *Ebner*, Jesus 182–187: Das prophetische *Tempelwort*, das sich durch die Passionsgeschichte zieht (Mk 14,58; 15,29; vgl. 11,15–18; 13,2), gilt als authentischer Jesusspruch, auch wenn die präzise Formulierung nicht mehr rekonstruierbar ist. Nach Mk 14,58 sagte es die Zerstörung des vorhandenen Tempels an und verhieß einen neuen Tempel. Eine solche Erwartung eines endzeitlichen neuen Tempels, der den bestehenden Tempel ablöst, gab es im Judentum (vgl. äthHen 90,28f; 11QTemp 29,8–10). Vgl. auch Schröter, Jesus 278–284. – Die Deutung der später *sog. Tempelreinigung* (vgl. Mk 11,15–18par; Joh 2,13–17) ist umstritten: Umkehrruf, symbolhafte Reinigung des Kultbetriebs, Demonstration der Nutzlosigkeit des blutigen Sühnopferkults als Heilsweg (*J. Schröter*, Jesus 283)? Doch wäre sie so gravierend gewesen, wie in den Evangelien dargestellt, so wären da schon die Tempelpolizei oder gar römische Soldaten gegen Jesus eingeschritten (ähnlich wie später gegen Paulus: Apg 21,27–40).

182

[64] Auf dieses Innere hat sich später, nach der Zerstörung des Tempels und seines Opferkults (im Jahre 70), das pharisäisch-rabbinische Judentum verstärkt und immer wieder besonnen, gerade in seiner (auch durch Christen verursachten) Leidensgeschichte.

[65] *Géza Vermes*, Die Passion, 143.

[66] *Jürgen Becker*, Jesus von Nazaret (1996), 432f.

[67] Ebd. 83.

[68] Vgl. dazu *Géza Vermes*, Passion, 119: »kein jüdisches Gesetz besagt zu irgendeiner Zeit, dass der Anspruch, der Messias zu sein, das Verbrechen der Gotteslästerung bedeutet.« – Präzise Nachweise dazu bei *Karlheinz Müller*, Möglichkeit und Vollzug jüdischer Kapitalgerichtsbarkeit im Prozess gegen Jesus von Nazaret, in: Der Prozess gegen Jesus, hrsg. von Karl Kertelge, Freiburg 1988, 41–83, besonders 78ff.

[69] Das zeigt z. B. der von *Flavius Josephus* (Bell 6,300–305) berichtete Fall des Jehoshua ben Hananja aus dem Jahr 62, der Tag und Nacht durch Jerusalem lief und gegen Jerusalem und den Tempel sein »Wehe dir« schrie, dann von vornehmen Bürgern festgenommen und misshandelt wurde, aber als er nicht aufhörte, zum Prokurator Albinus gebracht wurde, der ihn »bis auf die Knochen durch Peitschenhiebe zerfleischen« ließ.

[70] Wie Flavius Josephus (Ant 17,285) berichtet, gab es seit 4 v. Chr. immer wieder antirömische Aufstandsgruppen mit Anführern, die sich die Königswürde

anmaßten und ihre Anhänger zum Aufruhr zu verleiten suchten; Rom machte stets kurzen Prozess mit ihnen. Vgl. dazu etwa *Theissen/Merz*, Der historische Jesus, 138–141.

[71] Vgl. dazu *C. D. Peddinghaus*, Die Entstehung der Leidensgeschichte. Eine traditionsgeschichtliche und historische Untersuchung des Werdens und Wachsens der erzählenden Passionstradition bis zum Entwurf des Markus, Heidelberg 1965; *Johannes Schreiber*, Der Kreuzigungsbericht des Markusevangeliums Mk 15,20b–41, Göttingen 1986; *Wolfgang Reinbold*, Der älteste Bericht über den Tod Jesu, Berlin 1994.

[72] An sich hätte die Familie des Hingerichteten für seine Bestattung sorgen müssen; aber im Fall Jesu war ja kein Mitglied seiner Familie anwesend (Mk 15,40f; gegen die symbolhaltige Szene Joh 19,25–27; vgl. dazu oben Anm. 52).

[73] So vermutet *Michael Theobald*, Angefochtener Osterglaube, 26 Anm. 98.

[74] Géza Vermes, Die Passion, 136f.

[75] Mehr dazu unten Kapitel 3. – Außerdem kurz *Hans Kessler*, Wie Auferstehung denken? in: Christ in der Gegenwart 58 (2006) Nr. 16 (=Osterausgabe), 125f.

[76] Dagegen lehnt das AT (und dann auch das NT) eine physisch-leibliche Gottes-Sohnschaft und physische Zeugung durch Gott radikal ab (ganz anders als Ägypten, der Hellenismus usf.). Gott ist ein *einziger* (Dtn 6,4; Mk 12,29f; 1 Thess 1,9 u. a.; später auch Koran Sure 112).

[77] Ausführlich dazu *Stefan Schreiber*, Die Anfänge der Christologie. Deutungen Jesu im NT, Neukirchen-Vluyn 2015. – Zur gesamten Geschichte der Christologie vgl. *Hans Kessler*, Christologie, in: Handbuch der Dogmatik, hrsg. von Theodor Schneider, Düsseldorf 1992 (⁵2013), Bd. 1, 241–442.

[78] Matthäus (1,23; vgl. Lk 1,31) zitiert hierfür die Jesajaprophetie von der Geburt des »Immanuel« aus einer »Jungfrau«, wie es Jes 7,14 heißt, freilich nur in der griechischen Übersetzung, denn *im hebräischen Urtext* heißt es einfach *»junge Frau«*, nicht »Jungfrau«. – Jes 7,14 (hebr. Urtext): »Darum wird euch der Herr selbst ein Zeichen geben: Wenn die junge Frau, die (jetzt) schwanger ist, einen Sohn gebiert, so wird sie seinen Namen Immanuel (=Gott mit uns) nennen.« Jesaja kündigt hier (wie in 8,1–4) an, dass der Angriff antijüdischer Verbündeter im Jahre 733 vC. scheitern werde; die Gefahr werde so bald vorüber sein, dass jetzt schwanger gehende Frauen ihren Söhnen in Dankbarkeit für die Errettung den Namen Immanuel (=Gott mit uns) geben werden (vgl. *Otto Kaiser*, Der Prophet Jesaja, Kap. 1–12, S. 70ff). – Aus diesem ursprünglich *kollektiven* Verständnis (um 733 vC.) macht die griechische Übersetzung (um 200 vC. in Ägypten), die sog. Septuaginta (LXX), eine *individuell-personale* Verheißung und aus der jungen Frau eine Jungfrau (griech. parthénos), als Metapher! – Philo von Alexandrien (ca 20 vC – 50 nC.) konnte seinen griechischen Zeitgenossen die Erzählung von Rachel, die, kinderlos, Gott anflehte und dann mit Jakob den Joseph bekam (Gen 30,1–2.22–24), so verdolmetschen: »Und *Gott zeugte* mit Rachel den Joseph«. So konnte man damals reden und jeder verstand, was gemeint war: Gott hat geholfen. Mehr dazu bei *Rudolf Pesch*, Über das Wunder der Jungfrauengeburt. Ein Schlüssel zum Verstehen, Urfeld 2002, 96–106.

Nebenbei: Im 3., 4., 5. Jh. n. Chr. hat an den *Rändern* des Christentums, v. a. in Südarabien, die Volksfantasie Legenden über die Jungfräulichkeit Mariens und die Kindheit Jesu märchenartig weiter ausgestaltet (in sog. Kindheitsevangelien). Solche märchenhaften Geschichten haben dann auch in den *Koran* Eingang gefunden (etwa Sure 19 zur Jungfräulichkeit Marias; oder Sure 5,110: dass Jesus schon in der Wiege zu den Menschen redete; oder Sure 3,43–44: wie der kleine Jesus aus Ton die Gestalt eines Vogels formte, sie anhauchte und er flog).

[79] Vgl. *W. Schneemelcher* (Hg.), Neutestamentliche Apokryphen in deutscher Übersetzung, Bd. 1, Tübingen [5]1987, 1258.

[80] Übersetzung nach *Rudi Paret*, Der Koran, Stuttgart u. a. 1979, 76, sowie nach *Moustafa Maher (Al-Azhar)*, Al-Muntakhab. Auswahl aus den Interpretationen des Heiligen Koran, Arabisch –Deutsch, Kairo 1999, 145.

[81] Max Müller hat durch Korrespondenz, Archibald Douglas an Ort und Stelle in den Orten und Klöster Ladakhs, aus denen Notowitsch seine Nachrichten bezogen haben will, nachgefragt, und niemand wusste etwas davon und von Notowitsch; es war alles erfunden.

[82] *Günter Grönbold*, Jesus in Indien. Das Ende einer Legende, München 1985.

[83] Die Zitate aus *Franz Alt*, Jesus – der erste neue Mann, München 1989 ([9]1991!) 55f.

[84] *Johannes Fried*, Kein Tod auf Golgotha! Auf der Suche nach dem überlebenden Jesus, München 2019.

[85] Gegen die Annahme, dass die Jünger den Leichnam Jesu heimlich weggenommen und seine Auferstehung betrügerisch erfunden hätten, wird schon Mt 28,11–15; Joh 20,13; und von Origenes, Contra Celsum II,55, argumentiert. – In der Neuzeit findet sich die Idee, die Auferstehung sei eine betrügerische Erfindung der Jünger, vor allem bei *Hermann Samuel Reimarus*, »Über die Auferstehungsgeschichte« (in: G. E. Lessing, Sämtliche Schriften, hrsg. von K. Lachmann, Bd. 12, Leipzig [3]1897, 397–428) und »Vom Zwecke Jesu und seiner Jünger« (ebd. Bd. 13, 221–327). – Diese Betrugshypothese wird aber seit der Kritik von *David Friedrich Strauß*, Das Leben Jesu, kritisch betrachtet, 2 Bände, Tübingen 1835/36, Bd. II, 654, nicht mehr ernsthaft vertreten.

[86] Die Römer bevorzugten die Annagelung durch Handgelenke und Fersen: Belege bei Josephus (Bell V 11,1); Seneca (De vita beata 19,3) oder Artemidor IV 49. – Der gekreuzigte J^{e}hochanan von Giv'at ha-Mivtar (dessen Gebeine in einem Ossuar 1968 im NO Jerusalems gefunden wurden) war irgendwann zwischen 6 und 65 nC. mit einem 11,5cm langen Nagel durch beide Fersen gekreuzigt worden. – Davon dass Jesus angenagelt wurde, gehen aus Lk 24,39 (»durchbohrte Hände und Füße«), Joh 20,25 (»Mal der Nägel«) und um 110 nC. Ignatius von Antiochien (An die Smyrnäer 1,2: Jesus wurde unter Pilatus »angenagelt«).

[87] Für die übliche Geißelung (verberatio) verwendeten die Römer Riemenbündel, an denen Knochenstücke oder Bleikugeln befestigt waren, wodurch es zu starken Hautverletzungen, Blutverlust und Schwächung des Delinquenten kam.

[88] Die Daten sind zusammengestellt von *H.-W. Kuhn*, Die Kreuzesstrafe während der frühen Kaiserzeit, in: ANRW II/25.1 (1982), 648–793, und von *M. Hengel*,

Mors turpissima crucis, in: J. Friedrich u. a. (Hg.), Rechtfertigung (FS E. Käsemann), Tübingen/Göttingen 1976, 125–184. Vgl. auch die kurze Zusammenfassung bei Ebner, Jesus, 207–210.

[89] Flavius Josephus, Vita 420f.

[90] Zur Literatur vgl. Ebner, Jesus 209.

[91] Dazu *Rudolf Bultmann*, Das Evangelium des Johannes ([15]1957), 523–526.

[92] Im NT finden sich über ein Dutzend verschiedene tastende Versuche zu zeigen, dass der Kreuzestod nicht gegen Jesus und seine Botschaft spricht. Dazu suchte man insbesondere auch in der eigenen (also jüdischen) Heiligen Schrift. So griff die älteste Passionserzählung zurück auf Psalmen vom leidenden und getöteten Gerechten, den Gott aber erhöht (v. a. Psalm 22; auch 69 u. a.). Oder man griff auf das vierte Lied vom leidenden Gottesknecht zurück (Jes 53), der wegen der Schuld anderer getötet wird, aber von Gott erhöht wird. Für Genaueres vgl. *Hans Kessler*, Die theologische Bedeutung des Todes Jesu. Eine traditionsgeschichtliche Untersuchung, Düsseldorf 1970 ([2]1971); ders., Christologie (1992), 414–423; ders., Der Kreuzestod Jesu – Opfer, Sühne, Stellvertretung? Zum Tod Jesu und seiner Deutung, in: ders., Den verborgenen Gott suchen, Paderborn 2006, 190–212.

[93] Ausführlicher zum Folgenden besonders *Paul Hoffmann*, Auferstehung (NT), in: Theologische Realenzyklopädie, Bd. IV (Berlin 1979), 478–509; *Hans Kessler*, Sucht den Lebenden nicht bei den Toten. Die Auferstehung Jesu Christi in biblischer, fundamentaltheologischer und systematischer Sicht (1985), stark erweiterte Neuausgabe, Würzburg [4]1995 (= Tb [6]2011), 79–135. 136–236. 470–503; *Jürgen Becker*, Die Auferstehung Jesu Christi nach dem Neuen Testament. Ostererfahrung und Osterverständnis im Urchristentum, Tübingen 2007.

[94] Genaueres dazu bei *Hoffmann*, Auferstehung, 483–485, und bei *Kessler*, Sucht den Lebenden, 110–115, sowie in dort genannter Literatur.

[95] Indem Lk Ostern, Himmelfahrt (nach 40 Tagen) und Pfingsten (nach weiteren 10 Tagen) – also die Einheit von Auferstehung und Erhöhung sowie die Einheit von Oster- und Geisterfahrung (Joh) – auseinanderreißt, hat er den späteren Rhythmus des Kirchenjahres bis heute nachhaltig bestimmt.

[96] Dieses Bekenntnis zeigt noch aramäisches Kolorit (z. B. »Kephas« für »Simon Petrus«), war also wohl ursprünglich in aramäischer Sprache verfasst und wurde dann in der doppelsprachigen Jerusalemer Urgemeinde von griechisch-sprachigen Judenchristen (vgl. Apg 6,1.9ff) ins Griechische übersetzt.

[97] Paulus zitiert dieses erweiterte Osterbekenntnis, das er den Korinthern bei der Gründung der Gemeinde (um 50 n. Chr.) weitergegeben hatte, in seinem 1. Brief an die Korinther (53 n. Chr.) nicht nur, sondern er erläutert es jetzt auch (im langen Kapitel 15) ausführlich, weil es in der korinthischen Gemeinde *massive Missverständnisse* und Rückfragen an ihn gegeben hat.

[98] So *Becker*, Auferstehung, 109.

[99] *Becker*, ebd. 105f.

[100] Dazu *Becker*, Auferstehung (2007), ebd. 107–109; *Kessler*, Sucht den Lebenden (1995), 117, Anm. 95, sowie ausführlich die römische Doktorarbeit des späteren Mainzer Bischofs *Karl Lehmann*, Auferweckt am dritten Tag nach der Schrift,

Freiburg 1968, der das am Material des AT sowie vor allem anhand zahlreicher Texte aus jüdischen Targumen und dem Midrasch und am NT überzeugend nachweist. Spätere Untersuchungen haben sein Ergebnis bestätigt.

[101] Das dürre Selbstzeugnis des Paulus wird später von Lk in der Apostelgeschichte gleich dreifach narrativ ausgestaltet (Apg 9; 22; 26).

[102] Und in V. 11 erinnert Paulus daran, dass alle aufgezählten Zeugen dasselbe Evangelium vertreten, wie er es in V. 3b–5 als Tradition aufführt.

[103] Anders als im Deutschen, das schon in den Wörtern Brüder und Schwestern unterscheidet, ist das griechische adelphoi (=Brüder) von adelphai (= Schwestern) nur durch einen kleinen Vokal unterschieden. Adelphoi kann also viel leichter *inklusive Sprache* sein im Sinne von »Geschwister«.

[104] Spätere Texte enthalten Erinnerungen, dass der auferweckte Jesus zuerst Frauen erschienen sei, vor allem Maria von Magdala (Joh 20,11–18; Mt 28,9f; Mk 16,9).

[105] Dass dies für das damalige Judentum galt, ist durch die zeitgenössischen jüdischen Autoren Josephus, Ant IV 219; Philo, SpecLeg 3,169f u. a. belegt; das dort zu findende Klischee von der »Leichtfertigkeit« der Frauen übernimmt dann auch 1 Tim 2,14.

[106] Bei seinen Gemeindegründungen achtete Paulus darauf, dass Frauen und Männer gleichrangig zusammenwirkten (vgl. Gal 3,26–28). Dagegen ist 1 Kor 14,33b–36 (die Frauen sollen in den Gemeindeversammlungen schweigen) ein späterer *un*-paulinischer Nachtrag nach der Rückkehr zum Patriarchat.

[107] *Theobald*, Osterglaube 16, meint: »Die auf den Evangelien beruhende Vorstellung von einer kurzen, explosiven Spanne weniger Tage – des Todestags Jesu, des nachfolgenden Tags gespannter Ruhe, des Sabbats, und des ›ersten Tags der Woche‹ – ist aus dem theologischen Datum (also dem 3. Tag) extrapoliert; sie ist ›mythisch‹, insofern sie die Ur-Zeit des christlichen Glaubens, die ihn wahrhaft gründende Zeit, abbildet.« – Das kann man auch anders sehen. Richtig aber ist Theobalds Feststellung, wir wüssten nicht sicher, wann und wo die »Osterkehre« zuerst erfolgte.

[108] Eine Synopse der Evangelien ist hier nicht möglich, ganz anders als bei Jesu öffentlichen Auftreten und Wirken von der Taufe am Jordan angefangen bis hin zu seiner Kreuzigung und bis zur Grablegung; da gibt es bei den Evangelien eine große Gemeinsamkeit, da haben sie auch Berichtcharakter, nicht hingegen bei ihren Ostererzählungen (und ebenso nicht bei den Kindheitserzählungen am Anfang des Mt- und des Lk-Evangeliums).

[109] Das tut die neue Youcat-Bibel leider nicht; sie erweckt den Eindruck, als handele es sich um Erlebnisberichte und Reportagen. Anders hingegen die schöne Familienbibel von *Nico ter Linden*, Höre, was erzählt wird. König auf einem Esel. Geschichten aus dem Alten und Neuen Testament für die ganze Familie, Hannover 2011 (Amsterdam 2006), in der zu Ostern nach einer erhellenden Rahmenerzählung jeder Evangelist gebeten wird, selbst auch eine Geschichte vom Auferstandenen zu erzählen.

[110] Die übliche Bezeichnung »Auffindung des leeren Grabes« führt in die Irre. Denn es wird erstens nicht von der Entdeckung eines leeren Grabes erzählt, sondern von der Entdeckung eines im Grab sitzenden Jünglings, und zweitens geht es

um die Entdeckung nicht eines leeren Grabes, sondern einer leeren Ablage in der Grabhöhle. In einer Grabhöhle gab es meist mehrere Ablagen, Nischen oder Bänke. Erst Lk 23,53 und Joh 19,41 werden später erzählen, im Grab habe noch niemand gelegen. Vgl. dazu *Michael Theobald*, Angefochtener Osterglaube – im Neuen Testament und heute, in: ThQ 193 (2013) 4–31, hier 24 mit Anm. 85.

[111] *Theobald*, Osterglaube 27, nennt sie einen »Epilog zur alten Passionserzählung«.

[112] Das deutsche Wort »Engel« ist Lehnwort aus dem griechisch-lateinischen angelus (= Bote), und dieses wiederum ist Übersetzung des hebräischen mal'ách (= Bote). – Menschen, sogar »Stürme« (Ps 104,4), können Engel/Boten Gottes sein.

[113] Der Einbruch des Göttlichen, eine Engel-Erscheinung (Angelo-phanie), löst (Epiphanie-) Schrecken aus.

[114] *Walter Kasper*, Jesus der Christus, Freiburg 1974, 149f.

[115] Mk 16,7 (»Er geht euch voran nach *Galiläa*, dort werdet ihr ihn sehen, gleichwie er gesprochen hatte zu euch«) nimmt Mk 14,28 auf, wo Mk Jesus vorhersagen lässt: »Nach meinem Auferweckt-werden werde ich euch vorangehen nach Galiläa.« Beide Verse gehen auf das Konto des Mk-Evangelisten. Galiläa war der Raum, wo Jesus seine Botschaft verkündigt hatte: auf sie werden die Leser/Hörer des MkEv zurückverwiesen.

[116] *Theobald*, Osterglaube, 24: »Das Bekenntnis wurde in unserer Erzählung nachträglich in Szene gesetzt, was einem tiefen Bedürfnis der Menschen entsprach: Was wesentlich unanschaulich ist – der Glaube an die Auferstehung Jesu – sollte einprägsam veranschaulicht werden. Das geschah auf schon gespurten narrativen Bahnen.«

[117] So der evangelische Exeget *Jürgen Becker*, Die Auferstehung Jesu Christi im NT (Tübingen 2007), 20–27 und 239–250. Ähnlich früher schon der katholische Exeget *Rudolf Pesch*, Das Markusevangelium II, Freiburg 1977 (^{2}1980), 521f.: Mk 16,1–8 ist »keine berichtende Erzählung, sondern eine »auf die ›besprochene Welt‹ der Osterbotschaft konzentrierte, an theologischen Motiven reiche, konstruierte Erzählung, eine Legende«; literarisch arbeitet sie mit Mitteln »der *Gattung von Erzählungen, welche die Suche nach und die Nichtauffindbarkeit von entrückten* bzw. auferweckten Personen inszenieren«. Vgl. ferner *Theobald*, Osterglaube (2013), 24–27.

[118] Die Vorstellung von der Entrückung erwählter Menschen, deren Leichnam vergeblich gesucht wird, findet sich in *jüdischer* Überlieferung: Henoch (Gen 5,24) und Elija (2 Kön 2,16f) werden *vor* dem Tod entrückt; Esra, Baruch, Mose *nach* dem Tod (so Josephus, Ant 4,326; Philo, Quaest in Gn II,86). Und die Vorstellung ist gleichfalls sehr verbreitet im *griechisch-römischen* Raum (Diodor IV 38,5; VitApoll VIII 31; u.a.). Stets ist von »suchen« und nicht gefunden« die Rede. Das Material ist gesammelt z.B. bei *G. Lohfink*, Die Himmelfahrt Jesu, München 1971, 32–50; *R. Pesch*, MkEv II 522–526; *P. Hoffmann*, TRE IV, 499f. – *Becker*, Auferstehung 24f.186f.191: In einigen Traditionen werden die Erzväter, deren Grab in Hebron man kennt (Gen 23,9; 25,9f; u.a.; vgl. Mk 12,26f), die Gerechten (Ps 49,16; 73, 23–28), die Weisen (Dan 12,4), die Märtyrer (2 Makk 7,28 u.a.; vgl. Apg 7,59) *mit ihrem Tod entrückt*, ohne leere Gräber.

[119] *Becker*, Auferstehung, 23 bzw. 24.

[120] Weil man später mit dem ursprünglichen Schluss des MkEv in Mk 16,8 (die Frauen fliehen und sagen niemand etwas) sich nicht mehr zufrieden gab, bildete man in der Mitte des 2. Jahrhunderts mit verschiedenen Stücken (aus Mt 28, Lk 24, Joh 20 und Apg 1) einen zweiten, sekundären Schluss und fügte ihn an den ursprünglichen Mk-Schluss an als Mk 16,9–20.

[121] Das hat *Becker*, Auferstehung, 182–208, ausführlich gezeigt.

[122] Dazu *Becker*, ebd. 187f.

[123] Wörtlicher Text bei *Wilhelm Schneemelcher* (Hrsg), Neutestamentliche Apokryphen in deutscher Übersetzung Bd. 1 (Evangelien), Tübingen 1959, 122f.

[124] *Becker*, Auferstehung, 27; so auch *Pesch*, Mk II, 537; *Theobald*, Osterglaube, 27f.; und andere.

[125] So neuerdings wieder z. B. mehrere Beiträge in: *Hans-Joachim Eckstein & Michael Welker* (Hg.), Die Wirklichkeit der Auferstehung, Neukirchen 2002 (56–58, 177ff, 188f, 217, 220, 231–233). Oder *Joseph Ratzinger* (Benedikt XVI.), Jesus von Nazareth, Zweiter Teil: Vom Einzug in Jerusalem bis zur Auferstehung, Freiburg 2011, 280–282. Oder jüngst *Helmut Hoping*, Jesus aus Galiläa – Messias und Gottes Sohn, Freiburg 2019, 126–134. Hoping führt eine Reihe von Autoren (W. Pannenberg, J. Moltmann, U. Wilckens u. a.) als Gewährsleute auf, die das auch so sahen. Nur hat keiner dieser Autoren die vielfältigen jüdischen Texte und Vorstellungsmöglichkeiten wirklich untersucht, wie das umfassend *Jürgen Becker* (2007), getan hat, dessen wichtige Untersuchung Hoping offenbar nicht kennt.

[126] *Wolfhart Pannenberg*, Systematische Theologie, Bd. 2, Göttingen 1991, 401. – In seiner später verfassten Eschatologie, in: Systematische Theologie III (1993), 618–625, weist Pannenberg diese Denkweise, das Grab müsse leer gewesen sein, jedoch als inadäquat ab und begreift die Identität des neuen Lebens mit dem gegenwärtigen leiblichen Leben als Kontinuität der *Person* durch Teilhabe an der Ewigkeit Gottes.

[127] Ausführlich *Jürgen Becker*, Die Auferstehung Jesu Christi nach dem NT (2007), 182–208; ebd. 7–27 und 239–263. – Zum Teil ähnlich schon *Hans Kessler*, Sucht den Lebenden nicht bei den Toten, erw. Neuausgabe (⁴1995), 486–492, sowie 54–78. 446f; außerdem *Hans Kessler*, Rezension von H.-J. Eckstein & M. Welker (Hg.), Die Wirklichkeit der Auferstehung, Neukirchen 2002, in: Theologische Revue 100 (2004), 390–394, hier 392f.

[128] Alle Zitate aus *Becker*, Auferstehung (2007), 207f.; Becker, ebd. 182–208, analysiert die frühjüdischen Vorstellungen ausführlich. Vgl. auch *Kessler*, Sucht den Lebenden, 41–78 (und die dort genannte Literatur, besonders von *U. Kellermann*). – Es trifft nicht zu, wenn z. B. *Karl-Heinz Menke*, Jesus (2008), 60f., behauptet, dass das zeitgenössische Judentum mit der Auferweckung der Gerechten »immer die Vorstellung einer körperlich verfassten Leiblichkeit verbindet«, es also um die »Einbeziehung des beigesetzten Körpers in die Auferstehung« gehe.

[129] Dazu *Becker*, ebd. 192–201: In der bösen Zeit unter dem Seleukidenkönig Antiochus IV. Epiphanes (175–163 vC), der Jüdisches unter Todesstrafe verbot, se-

hen *apokalyptische* Visionäre eine neue Weltzeit schon bei Gott bereitstehen, in die hinein das Gottesvolk gerettet werde (Daniel). Zuvor müssten alle vor Gottes Gericht erscheinen, und dazu müssen die schon Toten »auferstehen«. Die Gerechten kehren dann auf die erneuerte Erde zurück, gehen also in die neue (diesseitig gedachte) Schöpfung ein, den Gottlosen bleibt nur die Schmach der Gottesferne (Jes 26,14.19; Dan 12,1–3; äthHen 22–27; 37–71; TestLe v 18,10–14; TestJud 25,1–3; und andere). Wie schon Verweste aufstehen sollen, wird nicht gefragt. An eine Öffnung der Gräber ist nicht gedacht. –

[130] Die Laienbewegung der *Pharisäer* hat die Hoffnung für die Toten im täglichen Gebet verankert (z. B. Achtzehn-Gebet 2; Friedhofsbenediktion). – Auch *Jesus*, dem es jedoch primär um das Herr-Werden der Güte Gottes schon im Leben hier und jetzt geht, teilt die Hoffnung über den Tod hinaus. Von ihr kann er in verschiedenen Bildern sprechen: Eingehen ins Leben, in engelartige Seinsweise im Himmel (Mk 12,24fpar), universales Mahl, in das die Sünder und Heiden-Völker einbezogen werden (Mt 8,11parLk u. a.) und an dem auch er mit seinen Jüngern im Tode teilnehmen werde (Mk 14,25; dazu unten Kap. 4).

[131] *Becker*, ebd. 193.

[132] Die Argumente für und gegen die Historizität des geöffneten oder leeren Grabes Jesu sind in *Kessler*, Sucht den Lebenden (1985, erweitert ⁴1995), 118–125, aufgelistet und abgewogen.

[133] Nirgendwo im gesamten NT wird zur Wallfahrt oder Verehrung des Grabes aufgerufen. Zur Geschichte des Heiligen Grabes vgl. *M. Küchler*, »Was sucht ihr den Lebenden bei den Toten?«. Gedanken zur Neugierde an einem leeren Grab voller Verheißung, in: S. Bieberstein und D. Kosch (Hrsg.), Auferstehung hat einen Namen. Biblische Anstöße zum Christsein heute (FS H.-J. Venetz), Luzern 1998, 69–81.

[134] *Helmut Hoping*, Jesus, plädiert für »ein realistisches Verständnis der leiblichen Auferweckung Jesu« (142), d. h. für die »handfeste Realität des leeren Grabes« (ebd. 132). Nur so kann er »die Wirklichkeit der Auferstehung Jesu« (ebd, 134) denken. Die Wirklichkeit der Auferstehung Jesu vertrete auch ich ganz entschieden, unterscheide aber – anders als Hoping und manche andern – zwischen materiellem Körper und Leib. Es ist also ein *Streit* darum auszutragen, *was Leiblichkeit und leibliche Auferstehung besagt*. Das habe ich in »Sucht den Lebenden« 322–338, eingehend erörtert und werde es unten im Kapitel 5 von neuem tun. Auf die Frage nach der Materie gehe ich unten in Kap. 5,2c.Exkurs ein.

[135] *Jacob Kremer*, Die Osterevangelien. Geschichten um Geschichte, Stuttgart-Klosterneuburg 1977, 18 und 49: »Ein leeres Grab bildet nicht die unabdingbare Voraussetzung für die Existenz des verklärten Leibes«; es »können heute auch ernsthafte Verteidiger der kirchlichen Osterbotschaft die These vertreten, Jesu Grab sei wahrscheinlich nicht leer gewesen«. – *Walter Kasper*, Jesus der Christus (1974), 155, schreibt, das leere Grab sei »nur ein Zeichen und eine Nebenbestimmung«, aber »eine sachlich unentbehrliche«, und »wer sie streichen will, sehe zu, wie er dem Doketismus entrinne«. Doch das Gegenteil trifft zu: Wer auf dem leeren Grab aus theologischen Gründen besteht, gerät in Doketismus (Jesus wäre dann nämlich nicht wirklich Mensch wie wir). Kasper (1974) wa-

ren die besonders von *Becker* (2007) dargelegten Einsichten in den frühjüdischen Textbefund noch nicht zugänglich.

136   Dazu *Hans Kessler*, Evolution und Schöpfung in neuer Sicht, Kevelaer 2009 (⁵2017), sowie *ders.*, Allmacht oder Ohnmacht? Über Gottes Wirken in der Welt, in: *ders.*, Gott – warum er uns nicht loslässt, Kevelaer 2016, 55–95.

137   Auch Jesu materieller Körper unterlag im Laufe seines Lebens alle 7 Jahre einem fast vollständigen Austausch seiner materiellen Bestandteile mit der Umgebung. Sollten dann gerade die Materie-Teile, die zufällig im Moment seines Sterbens und Todes seinen Körper bildeten, aus dem Materiezusammenhang gerissen und (wohin denn?) entschwunden sein? – Über die Frage, was mit der Materie sein soll, will ich in Kap. 5,2c.Exkurs nachdenken.

138   So auch *Ingolf U. Dalferth*, Volles Grab, leerer Glaube?, in: ZThK 1998, 379–409, hier 396f: am leeren Grab aus theologischen Gründen festzuhalten in dem Sinn, das der Leichnam Jesu nicht verwest sein dürfe, sei Doketismus (d. h. dann sei Jesus nicht wirklich, sondern nur zum Schein Mensch geworden).

139   *Becker*, Auferstehung 152.

140   *Karl Schmidt-Rottluff* (1884–1976) hat dies in seinem Holzschnitt »Gang nach Emmaus« beeindruckend dargestellt.

141   Das hat der spätere Bischof von Erfurt *Joachim Wanke* in seiner Doktorarbeit »Die Emmauserzählung«, Leipzig 1973, sehr schön herausgearbeitet.

142   So *Rudolf Schnackenburg*, Das Johannesevangelium III, Freiburg 1975, 381.

143   Wie die späteren Gläubigen »war« ja auch Thomas »nicht dabei, als Jesus kam« (Joh 20,24)!

144   Vgl. dazu *Theobald*, Osterglaube, 11 (dort weitere Lit.).

145   das den deutsch-amerikanischen Schriftsteller *Patrick Roth* zu seiner eindrucksvollen Novelle »Magdalena am Grab« (Insel-Verlag 2003) inspiriert hat.

146   Der katholische Exeget *Helmut Merklein* in: Stuttgarter Neues Testament. Einheitsübersetzung mit Kommentar und Erklärungen, Stuttgart 2000, 225: »Der Vers kann (und soll wohl im Sinne des Evangelisten) eine unzureichende Vorstellung von Auferstehung und vom Auferstandenen korrigieren: Auferstehung ist nicht Rückkehr in altvertraute Verhältnisse, sondern Aufbruch und Durchbruch in eine ganz neue Dimension des Lebens aus Gott und mit Gott.« Genaueres zum Text bei *Jacob Kremer*, Osterevangelien, 136–155.

147   So *Susanne Ruschmann*, Maria von Magdala im Johannesevangelium. Jüngerin – Zeugin – Lebensbotin, Münster 2002, 207. Susanne Ruschmann erbringt in detaillierten Analysen (bes. von Joh 1,35–51; 13,31–14,31 und 20,1–2.11–18) den Nachweis, dass der Joh-Evangelist am Beispiel Marias von Magdala einen exemplarisch-österlichen Glaubensprozess beschreibt. Die Begegnung zwischen Maria von Magdala und Jesus am Grab ist die narrative Umsetzung des Glaubens-Paradigmas in Joh 14,18–20.

148   ähnlich dann Joh 21,12f.

149   So *Helmut Merklein* im Stuttgarter Neuen Testament, 176.

150   *P. Hoffmann*, TRE IV, 504f: Die Betonung der massiven Leibhaftigkeit des Auferstandenen steht im Dienst der Abwehr einer Interpretation der Erscheinung als Gespenstererscheinung.

[151] *Glenn W. Most*, Der Finger in der Wunde. Die Geschichte des ungläubigen Thomas, München 2007.

[152] So etwa *Gerd Lüdemann*, Die Auferstehung Jesu, Göttingen 1994. Dazu meine ausführliche Darstellung und Kritik: *Hans Kessler*, Sucht den Lebenden, erw. Neuausgabe ⁴1995 (= Tb ⁶2011), 420–442. Ebd. 161–208 zu früheren ähnlichen historisch-genetischen Erklärungsversuchen.

[153] So Superintendent i. R. *Ernst Vielhaber* im Deutschen Pfarrerblatt 4/2019.

[154] Was gegen solchen naturalistischen Erklärungsmonismus spricht und was er nicht erklären kann, ist dargelegt in *Kessler*, Evolution und Schöpfung in neuer Sicht (2009, ⁵2017), 83–115.

[155] *Ludwig Wittgenstein*, Schriften Bd. I, Frankfurt a. M. 1960, 166f.

[156] Zur historischen Rekonstruktion der Entstehung des Osterglaubens siehe unten Kapitel 4.

[157] Dazu *Kessler*, Sucht den Lebenden 148–153, und die dort verwendete Literatur. Außerdem *Gudrun Guttenberger*, Ophthä. Der visuelle Gehalt der frühchristlichen Erscheinungstradition und mögliche Folgerungen für die Entstehung und Entwicklung des frühchristlichen Glaubens an die Auferstehung Jesu, in: BZ NF 52 (2008), 40–63.

[158] Philo, Abr 70; Virt 179.

[159] Auch in den späteren Ostererzählungen wird die Ostererfahrung mit diesen vorgegebenen Ausdrücken »erscheinen« und »sehen« zusammengefasst (Mk 16,7; Mt 28,7.10.17; Joh 20,18; vgl. Lk 24,37.39).

[160] *Hoffmann*, Auferstehung (TRE IV) 494f.

[161] *Bernhard Heininger*, Paulus als Visionär. Eine religionsgeschichtliche Studie, Freiburg 1996, 200: Gal 2,20 und Gal 4,6 sprechen dafür, das »en emoí« nicht als einfachen Dativ (»mir«), sondern präzise und dezidiert als »in mir« (ins Innerste gehend) zu deuten: dann in Gal 1,15f. jenes Erlebnis bei Damaskus als einen inneren Vorgang, bei dem ihm Gott seinen ›Sohn‹ enthüllte, um ihn unter den Heiden zu verkündigen.« Ähnlich schon *Heinrich Schlier*, Der Brief an die Galater, Göttingen 1962, 55f: Mit »en emói« werde »die Intensität der Enthüllung des Sohnes, die bis in das zentrale Leben des Apostels stattfand, zum Ausdruck gebracht«. Christus sei in ihm als tief in sein Leben eingreifende persönliche Macht offenbart worden.

[162] So *Heininger*, ebd. 209.

[163] *Paul Hoffmann*, Artikel Auferstehung Jesu, in Neues Bibellexikon I (1991), 206.

[164] Dazu *Becker*, Auferstehung, 153.158.

[165] Vgl. dazu etwa *Heininger*, Paulus als Visionär (1995), oder *Becker*, Auferstehung Jesu (2007), 154–159; 275–282. Vgl. aber auch *Kessler*, Art. Vision, in: LThK³ X, 813f.

[166] 2 Kor 12,2–4 schreibt Paulus von sich distanziert zurückhaltend: »Ich weiß von einem Menschen in Christus, dass vor 14 Jahren – ob im Leibe, weiß ich nicht, ob außer dem Leibe, weiß ich nicht, Gott weiß es – der Betreffende bis in den dritten Himmel entrückt wurde. Und ich weiß von dem betreffenden Menschen – ob im Leibe, ob ohne den Leib, weiß ich nicht, Gott weiß es – dass er in das Paradies entrückt wurde und unaussprechliche Worte hörte, die ein Mensch

nicht sagen darf.« – *Becker*, Auferstehung 137, Anm. 1: Die Zahl der Himmel schwankt in der frühjüdischen Literatur von 1 bis 10. Im dritten Himmel sieht man oft das Paradies und den Wohnort der Gerechten angesiedelt. Paulus deutet mit keinem Wort an, dass er (im dritten Himmel) irgendetwas von Gottes Nähe zu spüren bekam; Gott nimmt er also wohl noch über dem dritten Himmel an.

[167] So *Ingo Broer*, Die Erscheinungen des Auferstandenen als innerpsychische und von Gott gewirkte Tatsachen, in: M. Bär u. a. (Hg.), König und Priester. Facetten neutestamentlicher Christologie (FS C.-P. März), Würzburg 2012, 121–135.

[168] So *Gerhard Lohfink*, Der Ablauf der Osterereignisse und die Anfänge der Urgemeinde, in: ThQ 160 (1980) 162–176, hier 167. Ebd.: »wie jede Vision ganz und gar das Werk des Menschen ist, kann sie gleichzeitig ganz und gar das Werk Gottes sein, der dann die produktive Einbildungskraft des Menschen gerade dazu benutzt, sich mitten in der Geschichte offenbar zu machen«. Ähnlich *ders.*, Jesus (2011), 417–419.

[169] *Lohfink*, Ablauf, 167.

[170] Dazu *Marco Frenschkowski*, Art. Vision I–IV, in: TRE 35 (2003), 117–135.

[171] *Becker*, Auferstehung, 287; ähnlich ebd. 278–281 u. ö.

[172] Vgl. *Kessler*, Sucht den Lebenden, 233f.

[173] *G. Lohfink*, Jesus, 421.

[174] Vgl. dazu von dem Politologen *Wolfgang Leidhold*, Gottes Gegenwart. Zur Logik religiöser Erfahrung, Darmstadt 2008.

[175] So auch *Rudolf Pesch* in seinem frühen, später modifizierten Vorschlag: Zur Entstehung des Glaubens an die Auferstehung Jesu. Ein Vorschlag zur Diskussion, in: ThQ 153 (1973) 201–228.270–283, hier 273. Zu seinen Positionen vgl. *Kessler*, Sucht den Lebenden, 191–208.

[176] Dazu ausführlich *Kessler*, Sucht den Lebenden (erw. Neuausgabe 1995), 161–219 und 419–474.

[177] Die Zahlen in Klammern beziehen sich auf Seiten in dem Werk von *Ulrich B. Müller*, Die Entstehung des Glaubens an die Auferstehung Jesu. Historische Aspekte und Bedingungen, Stuttgart 1998. Dazu meine ausführliche Rezension in: ThRev 95 (1999) Nr. 2, 115–118. – *Michael Theobald*, Angefochtener Osterglaube (2013), bes. 19–23, schließt sich Müller in etwa an; zum Teil tut das auch *Becker*, Auferstehung.

[178] *Ulrich B. Müller*, Auferweckt und erhöht. Zur Genese des Osterglaubens, in: NTS 54 (2008), 201–220, hier 213: Jesu Anhänger »haben mit der Möglichkeit seiner Auferstehung rechnen dürfen, wenn sie denn Jesu Ankündigung Mk 14,25 und die Erwartung seiner dort vorausgesetzten göttlichen Rehabilitierung nicht aufgeben wollten«.

[179] *Müller*, Entstehung (1998) 24: Der »Überschuss« »nicht nur der Hoffnung, die Jesus geweckt hatte, sondern ein Mehr an Erfahrung erfüllter Realität, die er vermittelte«, war es, der »seinen Tod überdauerte, ja kreativ überwand«. *Müller*, Genese (2008) 206: »Der kreative ›Überschuss‹ an Heil in der hereinbrechenden Gottesherrschaft wird der eigentliche Grund sein, der das Ostergeschehen ermöglichte«.

[180] Weitere Belege: 4QpNah 7f; 1 QpHab 8; vgl. Gal 3,13; 1 Kor 1,23; Apg 5,30; 10,39; 13,29 u. a.

[181] Vgl. dazu *Dieter Sänger* in: ZNW 1994, 279–285.

[182] Nach meiner Kritik (von 1999) hat Müller in einem späteren Beitrag (2008) etwas vorsichtiger formuliert, dass die Jünger an Ostern – aufgrund von was? – »den vorher nur als Möglichkeit gedachten Glauben an Jesu Auferweckung zur gewissen Überzeugung transformierten«.

[183] *Wolfgang Schrage*, Der erste Brief an die Korinther, Teil 4, Düsseldorf u. a. 2001, 58 mit Anm. 213.

[184] Vgl. dazu etwa *Becker*, Auferstehung, 258f.

[185] Joh 19,25–27 (Maria und der Lieblingsjünger unter dem Kreuz) ist symbolisch gemeint und historisch nicht verwertbar, s. o. Anm. 52.

[186] Nach Mk 6,3 hatte Jesus außer den vier Brüdern Jakobus, Joses, Judas und Simon noch mindestens zwei Schwestern. Sie tauchen nachösterlich nicht mehr auf. Möglicherweise haben sie in andere Familien eingeheiratet und sind damit aus der Obhut des Jakobus entlassen worden. Die »Brüder Jesu« waren wahrscheinlich alle oder teilweise verheiratet; Paulus weiß, dass sie auf ihre Missionen ihre »Ehefrauen« mitnahmen (1 Kor 9,5).

[187] In der Jerusalemer Urgemeinde muss es auch Galiläer gegeben haben, die Jesus aus seiner galiläischen Wirksamkeit kannten, sich dann der Urgemeinde anschlossen, also eine prekäre Existenz in Kauf nahmen. Das erklärt, warum die Jerusalemer Urgemeinde auf Dauer ein Armutsproblem bekam und Paulus *Kollekten* für sie gesammelt hat (vgl. 1 Kor 16,1–4; Röm 15,25–27).

[188] In der Urgemeinde nimmt Jakobus dann bald eine besondere Stellung ein (Gal 1,18f; 2,9; vgl. Apg 15,13ff), wird später ihr Leiter (vgl. Apg 12,17; 21,18); obwohl er ein tora-treues Judenchristentum vertrat, wird er (wie Josephus, Ant 20,197–203 berichtet) im Jahre 62 n. Chr., während einer Prokuratorenvakanz, unter dem sadduzäischen Hohenpriester Ananos wegen Gesetzesübertretung durch das Synedrium verurteilt und gesteinigt, wogegen Pharisäer sich empörten.

[189] *Becker*, Auferstehung 278 Anm. 6, bemerkt, dass alle psychologischen Rückschlüsse auf einen inneren Konflikt und seine Lösung reine Vermutungen bleiben. Zu solchen Vermutungen könnte man »noch eine hinzufügen, die mir bisher nicht begegnet ist: Jakobus war schon immer nur halbherzig gegen Jesus eingestellt. Mit Ostern bekam er den Mut, sich offen zu ihm zu bekennen.« Nur: was wäre dann das Ostern des Jakobus, was trieb ihn zur Urgemeinde?

[190] Vgl. dazu *Becker*, Auferstehung, 133ff.

[191] Wie etliche andere weist *Becker*, Auferstehung 142f.146ff., mit guten Gründen die von Lüdemann vertretene Hypothese von einem unbewussten inneren Konflikt des Paulus mit dem Gesetz und einem unbewussten Christuskomplex zurück. Vgl. ähnlich *Kessler*, Sucht den Lebenden (erw. Neuausgabe 1995), 422–431.

[192] Für diesen Fall hatte Paulus schon früher, als er (um 53) in Ephesus im Gefängnis saß, seiner Lieblingsgemeinde in Philippi geschrieben, er hoffe, falls er als Märtyrer sterben sollte, alsbald mit Christus unmittelbar zu Christus entrückt

zu werden und mit ihm zusammen zu sein (Phil 1,21–26). – Lukas schildert in seiner Apostelgeschichte dem Leser mit wachsender Spannung das Schicksal des Paulus auf seinen Missionsreisen bis hin zur Haft, um dem Leser dann das Lebensende des Paulus vorzuenthalten. Warum? Warum nichts über den Ausgang des Prozesses? Hat Lk davon nichts mehr mitbekommen (müsste man also die Abfassung der Apg schon in die 60er Jahre ansetzen)? Oder wollte Lk noch ein drittes Buch schreiben?

[193] Später (*nach* meiner Kritik!) hat er vorsichtiger formuliert. Vgl. *Müller*, Genese (2008) 206: »Der kreative ›Überschuss‹ an Heil in der hereinbrechenden Gottesherrschaft wird der eigentliche Grund sein, der das Ostergeschehen ermöglichte«.

[194] *Becker*, Auferstehung 212.

[195] *Theobald*, Osterglaube 21 urteilt: »Auch wenn die eschatologische Auferstehung ›kein Thema der Verkündigung Jesu‹ war, könnte er, analog zur Teilhabe der Erzväter Abraham, Isaak und Jakob am endzeitlichen Festmahl (Mt 8,11par. Lk 13,28f), diese Vorstellung selbst geteilt haben.« Theobald weist als Belege für diese Vorstellung auf TestJud 25,1; TestBenj 10,6f; 4 Makk 13,17; 16,25 hin.

[196] *Becker*, Jesus 419. Becker, ebd. 418f. zeigt, warum die Einsetzungsworte Mk 14,22–24 (wie auch die Parallelen bei Mt, Lk und Paulus 1 Kor 11,23–25) sich alle nachösterlich-liturgischer Gestaltung verdanken und in ihren unterschiedlichen Motiven die Mahlfeiern der einzelnen Gemeinden widerspiegeln. Davon hebt sich in Anlage und Diktion deutlich ab Mk 14,25, wo Jesus von seinem eigenen Geschick spricht: »Amen, ich sage euch: Ich werde nicht mehr von der Frucht des Weinstocks trinken, bis ich neu davon trinken werde im Reiche Gottes.« Das sei im Kernbestand ein echtes Jesuswort.

[197] So *Becker*, Auferstehung 221.

[198] So hofft es auch Paulus für sich selbst, falls er den Märtyrertod sterben muss (Phil 1,21–26), und so versteht auch die vormarkinische Passionsgeschichte den Tod Jesu.

[199] *Anton Vögtle*, in: ders./R. Pesch, Wie kam es zum Osterglauben?, Düsseldorf 1975, 9–131, hier 113.

[200] Die alttestamentliche Stelle Dtn 21,23 (»verflucht ist, wer am Holze hängt«) wurde, wie etliche Qumran-Texte bezeugen (z. B. 11 QTempelrolle: »Gekreuzigte sind Verfluchte Gottes und der Menschen«), im damaligen Judentum auch auf – wegen Gotteslästerung oder Tora-Bruch – Gekreuzigte bezogen, und das konnte denen, die Jesus beseitigen ließen, nur in die Strategie passen: Jesus war öffentlich als von Gott Verfluchter, als falscher Gottesbote hingestellt.

[201] *Müller*, Genese (2008), 213.

[202] Vgl. *Becker*, Auferstehung 264. 278f. 281. 286f.

[203] Einige der folgenden Überlegungen habe ich zuletzt im September 2019 in Marburg bei einem Workshop mit Mathematikern, Naturwissenschaftlern und Theologen vorgetragen. Ich danke besonders Bernold Fiedler, Professor für Mathematik an der FU Berlin, für anregenden Austausch. Die Beiträge des Workshops sollen 2022 in der Wissenschaftlichen Buchgesellschaft (Darmstadt) erscheinen in einem von Dirk Evers und Paul-Gerhard Reinhard hrsg. Band

»Die unsichtbare Wirklichkeit. Beiträge zur Weltwahrnehmung in den Wissenschaften«.

[204] Dazu mein Beitrag »Im Streit um die Wirklichkeit. Mit Naturwissenschaft begründeter Atheismus und die Frage nach Gott« (2014), sowie *René Dausner* (Hg.), Revisionen des Heiligen. Streitgespräche zur Gottesfrage, Freiburg i. Br. 2019, und *Christine Büchner*, Außer Konkurrenz. Zur Rede vom Wirken Gottes als Sich-Geben, in: B.P. Göcke; R. Scheider (Hg.), Gottes Handeln in der Welt, Regensburg 2017, 177–203.

[205] Dagegen ist das *Theodizee-Problem* kein echter Einwand: Gewiss, wer glaubt, dass Gott nicht existiert, der ist das Theodizee-Problem los. Doch das Problem des Leids ist er keineswegs los, und das Problem der Ungerechtigkeit in der Welt auch nicht: Nichts und niemand wird den Ermordeten in Auschwitz und den zu Tode Gequälten in aller Welt jemals eine Gutmachung verschaffen. Wer nicht an Gott glaubt, muss mit einem Riesenverdrängungsapparat leben. Also ein Patt! Und Zweifel auf beiden Seiten. – Mehr dazu *Kessler*, Im Streit um die Wirklichkeit (2014), 287–293; oder ders., Gott und das Leid seiner Schöpfung. Nachdenkliches zur Theodizeefrage (2000).

[206] Dazu *Kessler*, Evolution (2009), 108–113.

[207] Vgl. von dem sich als »religiös unmusikalisch« verstehenden großen Philosophen *Jürgen Habermas*, Ein Bewusstsein von dem, was fehlt, in: M. Reder und J. Schmidt (Hg.) Ein Bewusstsein von dem, was fehlt. Eine Diskussion mit Jürgen Habermas, Frankfurt/Main 2008, 26–36 und 94–107.

[208] *Aurelius Augustinus*, Confessiones 1,1.

[209] *Ludwig Wittgenstein*, Schriften Bd. 1, Frankfurt a. M. 1960, 166f.

[210] So *Harald Lesch* in BR2-Radio, Ostern 1.4.2007.

[211] Das haben viele nicht verstanden. *Stephen Hawking* z. B. fragte: Wenn das Universum in sich geschlossen ist, ohne Anfang und Rand, »wo wäre da noch Raum für einen Schöpfer?« (Eine kurze Geschichte der Zeit, Reinbek 1988, 179). Als ob ein Schöpfer-Gott – wie ein menschlicher Schöpfer und empirischer Gegenstand – auf der empirischen Ebene der Welt einen ausgesparten Raum bräuchte, gleichsam als erstes Glied der Kette, wo er doch ganz anders zu verstehen ist, nämlich als transzendentaler Grund der ganzen Kette.

[212] Genaueres dazu bei *Kessler*, Evolution und Schöpfung in neuer Sicht (2009), 101 und insgesamt 95–113. Ferner *Robert Schnepf*, Die Frage nach der Ursache. Systematische und problemgeschichtliche Untersuchungen zum Kausalität- und zum Schöpfungsbegriff, Göttingen 2006. – Ein ernsthaftes *Problem bleibt*: Wenn Gott der einzige Urgrund der Wirklichkeit ist, dann müsste in Gott zwar nicht das Böse als Realität angenommen werden, aber doch so etwas wie der *Grund der Möglichkeit des Übels*, des Leids und eben auch des Bösen, der Grund der Möglichkeit für Anders-sein-können, für mögliche Selbständigkeit und damit eben auch für eventuelle Verselbständigung *gegen* andere, auf deren Kosten. Dazu *Kessler*, Gott und das Leid seiner Schöpfung (2000), 71f.

[213] Sonst müsste man ja im Fragen immer nochmals weiterschreiten, hätte nicht den absoluten Grund der ganzen Kette von Ursachen, sondern nur wieder eine

Ursache, ein Glied der Kette, anvisiert. *Schnepf*, ebd. 502–505, spricht deswegen vom »Begriff des Grundes überhaupt«.

214   *Anselm von Canterbury*, Proslogion 15. – *Aurelius Augustinus* hatte in seinem Sermo 52 gesagt: »Si comprehendis, non est deus. ... Wenn du begreifst, dann ist es nicht Gott; wenn du begreifen konntest, so hast du etwas anderes für Gott gehalten, dich durch dein Denken täuschen lassen.«

215   Jeder Begriff, jedes Wort, jedes Bild bleibt unangemessen: Sie werden alle zur symbolischen Repräsentation, zum Zeichen, das auf die gemeinte ganz andere Dimension und Wirklichkeit hindeutet (sie aber nicht deskribiert und definiert); sie *werden zur verweisenden Geste, die ins Unnennbare hinüberzeigt*, zur Meta-pher (griech.),die uns »hinüber-trägt« oder hinüber-tragen soll. – Aber die Bilder sind *nicht beliebig*: es gibt Bilder, die uns über uns hinaus aufschließen können für den für alle offenen Grenzenlosen, und solche, die ihn verendlichen zu einem begrenzten Ausgrenzer, zu einem Götzen.

216   So *Thomas von Aquin*, De potentia Dei 7,5 ad 14; In trin 2,1 ad 6.

217   *Absolute (nicht nur relative) Transzendenz* meint: so absolut transzendent gegenüber allen endlichen Entitäten, dass sie an diesen und ihrem Gesamt (der Welt) nicht eine Grenze hat (also wieder begrenzt/endlich wäre), sondern in allen Dingen und Welten innig gegenwärtig (immanent) ist, ohne mit ihnen zusammenzufallen oder identisch zu sein (denn dann wäre sie nicht über diese hinaus), dass sie vielmehr alles trägt und in seine Eigendynamik freisetzt. Gerade weil Gott alles unendlich übersteigt (transzendiert), ist er allem zutiefst inne (immanent). Jedoch nicht unterschiedslos, sondern in gestufter Immanenz (*Meister Eckhart*, Predigt 36: Gott ist auch im Stein und im Holz, nur die wissen nichts davon; der Mensch kann es ahnen, sich bewusst machen und entsprechend leben, tut es nur oft nicht).

218   *Thomas von Aquin*, STh I 8,3.

219   *Martin Buber*, Werke Bd. 3, 390. – Gott ist »da«, und Beten – hat Buber bemerkt – ist der Versuch, dieser Gegenwart innezuwerden und alles (die anderen, uns selbst, die Welt) in diesem Anderen zu schauen.

220   Das Lied findet sich im Evangelischen Gesangbuch Nr. 165 und ebenso im neuen katholischen Gotteslob Nr. 387. Die Zitate stammen aus den Strophen 1, 5 und 8.

221   *F. W.J. Schelling*, Philosophie der Offenbarung, Bd. 1, Darmstadt 1974, 172.

222   *Gregor von Nyssa*, Hexa-emeron, in: Patrologia Graeca Bd. 44, 77D. – Der nachfolgende Schluss-Satz Darwins ist zitiert nach der Ausgabe *Charles Darwin*, Die Entstehung der Arten, Hamburg 2008, 583. – Genaueres bei *Kessler*, Evolution (2009), 35ff und 59–74.

223   *Thomas von Aquin, Luther* u. a. unterscheiden drei Stufen der Gegenwart und des Wirkens Gottes in der Welt: (1) In allen Wesen ist Gott als der, der ihnen Sein, Kraft und Eigenaktivität verleiht, die er voll respektiert; auch wenn sie damit Grausiges anstellen, revoziert er nicht die Seinsverleihung, sondern erträgt die Geschöpfe, hält sie leidend aus. (2) Wenn und insoweit Menschen Gott in ihr Leben *einlassen*, kann Gott noch anders in der Welt vorkommen, kann mit seinem eigentlichen Wirken (Güte, Gerechtigkeit, Heil) zum Zug kommen. (3) In

dem Menschen Jesus, der ganz aus Gottes Gegenwart lebte und vorbehaltlos liebte, konnte Gott sich in seinem wahren Wesen offenbaren: als die unbedingt für alle entschiedene Liebe. Christen sehen deshalb Gott durch Jesus hindurch, er ist ihnen transparent auf Gott hin, ist Gottes *Inkarnation* (menschliche Gestaltwerdung der Liebe Gottes), aber nicht als exklusiver Sonderfall, sondern als maßgebliche Verkörperung dessen, wozu wir alle da sind: dass Gott(es Liebe) in unserem Leben menschliche Gestalt gewinne und wir Gemeinschaft mit Gott finden. Vgl. dazu *Kessler*, Evolution und Schöpfung in neuer Sicht (2009), 130–143.

224 Das haben gelegentlich schon Autoren des NT, allzu menschlich, missdeutet. So etwa der Evangelist *Matthäus*, der meint, seiner lässig gewordenen Gemeinde einheizen zu müssen (vgl. etwa Mt 7,21–23) und eine Vorliebe für Gerichtspredigt entwickelt, bis hin zum wiederholten »Werft ihn hinaus in die Finsternis, dort wird Heulen und Zähneknirschen sein« (Mt 22,13; vgl. 13,42.50; 24,51; 25,30), eine höchst fragwürdige Verschiebung der Botschaft Jesu hin zur Betonung von Lohn und Strafe im Gericht.

225 Mit Recht wendet sich *Joseph Ratzinger*, Einführung in das Christentum, München 1968, 231f, gegen dieses in der christlichen Geschichte verbreitete Bild von einer »Gerechtigkeit, deren finsterer Zorn die Botschaft von der Liebe unglaubwürdig macht«. Demgegenüber sei Gottes Gerechtigkeit »Gnade; sie ist aktive Gerechtigkeit, die den verkrümmten Menschen richtet, das heißt zurechtbiegt, richtig macht«, ihn »mit sich versöhnt« (2 Kor 5,19). Jesus und das NT bedeute eine »Revolution gegenüber den Sühne- und Erlösungsvorstellungen der Religionsgeschichte«. Ebd. 236: »Der Gestus der alles gebenden Liebe, er und er allein« bringe »die wirkliche Versöhnung der Welt«.

226 Der Franziskaner *Johannes Duns Scotus* (1265–1308) hat (im Opus Oxoniense III 32,1,6) auf die Frage, warum Gott die Welt schaffe, geantwortet: »weil er andere als Mitliebende haben möchte« (quia vult habere alios condiligentes); darauf wolle alles hinaus, das sei das letzte Ziel und der Sinn von allem. Dann würde, wer nicht mit-liebt (mag er sonst noch so viel erreichen und erleben), das Wichtigste versäumen und den wahren Sinn seines Lebens verfehlen.

227 In diesem »für andere«, »für uns« hat dann das Urchristentum *das Erlösende am Leben und Sterben Jesu* gesehen. Deswegen konnte später etwa Thomas von Aquin (STh III q.48 a.6c; q.50 a.6c) sagen, dass das Erlösende am Tod Jesu nicht das Getötet-werden, das Blut-vergießen, die Qual ist (das wollte Gott nicht), sondern *allein* die auch im Leiden und Getötet-werden nicht nachlassende Caritas (= Agápe, Liebe), die sich hingibt, sich allen hinhält, auch denen, die sie ablehnen, und ihnen so die Tür offen hält. Erlösung also nicht durch Leiden, sondern durch *Liebe, die auch im Leiden durchgehalten wird* und sich von nichts und niemand abbringen lässt. – Vgl. *Jörg Frey & Jens Schröter* (Hrsg.), Deutungen des Todes Jesu im Neuen Testament, Göttingen 2005; *Hans Kessler*, Der Kreuzestod Jesu – Opfer, Sühne, Stellvertretung? Zum Tod Jesu und seiner Deutung, in: ders., Den verborgenen Gott suchen (2006), 190–212.

228 Also ein Hoffnungsentwurf, kein Wissen! Ein im Glauben an Gott gründender Hoffnungsentwurf.

²²⁹ Wie wir gesehen haben, machen die drei sich steigernden Erzählungen Mk 5,22f.35–43parr (die Tochter des Jairus schläft); Lk 7,11–17 (der Jüngling von Naim wird schon zu Grabe getragen); Joh 10,41–11,47 (Lazarus ist schon vier Tage tot und am Verwesen) Gottes Wirken durch Jesus von Jahrzehnt zu Jahrzehnt immer größer. Sie sollten nicht historisierend gelesen werden. Joh 10,41 und 11,47 spricht von einem »Zeichen«, das etwas aufblitzen lässt von der Lebensmacht Gottes in Jesus Christus, dem der Evangelist eines seiner Ich-bin-Worte in den Mund legt: »Ich bin die Auferstehung und das Leben, wer an mich glaubt, wird leben, auch wenn er stirbt« (Joh 11,25). Die symbolische Lazarus-Erzählung will diese Aussage illustrieren.

²³⁰ Zu diesen schon alttestamentlichen Bildern Erhöhung, Entrückung, Auferstehung, Aufnahme in die Dimension Gottes vgl. oben Kap. 3, 2a Exkurs »Musste das Grab Jesu leer sein?«.

²³¹ Das englische »Our father in heaven« kann besser als das deutsche »Vater unser im Himmel« vom kosmischen sky-Himmel den religiösen heaven-Himmel unterscheiden: der heaven ist überall gegenwärtig, nicht nur im sky, da zwar auch, vor allem aber hier und jetzt.

²³² Dazu unten Punkt d.(2).

²³³ Dass sie abgeschlossen und nicht wiederholbar sind, bringt die urgemeindliche Formel 1 Kor 15,5f mit der spezifisch griechischen Zeitform Aorist óphthe (er erschien dem und dem) zum Ausdruck, während sie mit dem durativen Perfekt egégertai sagt, dass Christus auferstanden ist und der Auferstandene bleibt. Siehe oben Kapitel 3,1.

²³⁴ In Kapitel 3,2b wurde gezeigt, dass dagegen auch nicht die Erzählung Lk 24,36–41 steht: Sie geht gegen das Missverständnis an, man hätte es mit einem Geist/ Gespenst zu tun; da nach griechischem Volksglauben Geister nicht essen konnten, bildet Lk eine Geschichte, wo er Jesus ein Stück gebratenen Fisch essen lässt (d.h.: der Auferstandene ist kein Gespenst), und korrigiert zugleich diesen derben Materialismus durch die vorausgehende Emmauserzählung (er ist verborgen da, nicht handgreiflich!). Und in Joh 20,24–29 legt der ungläubige Thomas seine Hand nicht wirklich in die Wunde Jesu, es bleibt beim besprochenen Zeichen (gegen Caravaggios künstlerisch großartiges, aber theologisch verheerendes Gemälde); erhellend dazu *Glenn W. Most*, Der Finger in der Wunde. Die Geschichte des ungläubigen Thomas, München 2007.

²³⁵ Das ist in den Ostkirchen zum Ostergruß geworden, mit dem die Gläubigen einander begrüßen!

²³⁶ Zum folgenden vgl. *Kessler*, Sucht den Lebenden (³1995), 325–327; 483–486; *ders.*, Was kommt nach dem Tod? (2014) 202–216; *Thomas Schärtl*, Was heißt »Auferstehung des Leibes«?, in: G. Brüntrup; M. Rugel (Hg.), Auferstehung des Leibes – Unsterblichkeit der Seele, Stuttgart 2010, 59–80.

²³⁷ Dazu gibt es mehrere »prospektive«, nicht retrospektive, Studien (2 englische, 1 amerikanische, 1 japanische, und v.a eine niederländische Langzeitstudie), welche die Daten während der Komaphase, vor, während und nach der Reanimation exakt erfassten, so dass die Behauptungen der Betroffenen überprüft werden konnten. Genaueres bei *Pim van Lommel*, Endloses Bewusstsein. Neue

medizinische Fakten zur Nahtoderfahrung, Düsseldorf 2009, und kurz bei *Hans Kessler*, Was kommt nach dem Tod? (2014), 45–65.

[238] Dies ist *empirisch nachweisbar*. Hingegen ist *nicht* empirisch nachweisbar, was die Betroffenen sonst noch alles erlebt haben wollen (Lichterlebnis, Tunnelerfahrung, Begegnung mit Verstorbenen, usw.).

[239] Dazu *van Lommel*, Endloses Bewusstsein, 47.

[240] Kaum auszudenken, wenn das auch für unsere Verstorbenen gälte und insbesondere für den gestorbenen und erhöhten Jesus Christus, der ja nicht aktiv in Weltzusammenhänge eingreift, jedenfalls nicht ohne die Vermittlung durch für ihn offene Menschen.

[241] Nur zwei Beispiele: »*meine Seele* hängt an dir, deine Rechte hält *mich* bzw. nimmt *mich* auf« (Ps 63,9); oder »Hingabe des Leibes« bedeutet völlige Hingabe seiner selbst (Röm 12,1; Mk 14,23 u. a.).

[242] So auch *Becker*, Auferstehung, 170.

[243] Dagegen spricht auch nicht Apg 2,27.31: das Zitat aus Psalm 16,10 (wörtlich übersetzt: »dein Heiliger sieht nicht die Verderbnis«) meint unspezifisch eine Rettung aus dem Tod.

[244] Mehr dazu in *Kessler*, Was kommt nach dem Tod? (2014), 216–225.

[245] *Joseph (Kardinal) Ratzinger*, Jungfrauengeburt und leeres Grab. Eine Klarstellung zur Orientierung der von Theologen der Integrierten Gemeinde geführten »Akademie für die Theologie des Volkes Gottes«, in: Die Tagespost vom 11.11.2004, Nr. 135, ganzseitig S. 5.

[246] *Joseph Ratzinger (Benedikt XVI)*, Jesus von Nazareth. Prolog. Die Kindheitsgeschichten, Freiburg 2012, 65.

[247] Dazu *Hans Kessler*, Allmacht oder Ohnmacht? Über Gottes Wirken in der Welt, in: ders., Gott – warum er uns nicht loslässt, Kevelaer 2016, 55–95.

[248] Wenn man mit *Karl Rahner* (– Paul Overhage), Das Problem der Hominisation (Freiburg 1961), 48–53, und *ders.*, Zur Theologie des Todes (Freiburg 1958), 20–25, *Materie* versteht als *auf Geist* (Empfindung, Bewusstsein, Liebe) *hin angelegt* und offen, wenn man also Materie versteht als etwas, in dem Geist sich irdisch realisiert, so dass Materie im Geist »verinnerlicht« ist und in ihm »mitvollendet« werden kann, dann käme in der Vollendung der menschlichen Person und der beseelten Lebewesen auch die Materie zur Vollendung.

[249] Für die Bibel sind *Tiere* ebenso wie Menschen *beseelt* (Gen 1,20f.24.30; 2,7; 9,4.10), und die große christliche Tradition hat bis zum 17. Jahrhundert – bis Descartes nur dem Menschen eine Seele vorbehielt und Tiere zu seelenlosen Automaten erklärte – alle Lebewesen als beseelt angesehen, und zwar mit folgender, von Aristoteles übernommener Stufung: Pflanzen haben eine *vegetative* Seele, Tiere eine (die vegetative Schicht integrierende) *sensitive* Seele, Menschen eine (die vegetative und sensitive Schicht integrierende) *intellektive* Seele, die auch zu Transzendenzbewusstsein und zu Gottesrelation fähig ist. Unsterblichkeit aber gibt es nicht wegen *unserer* menschlichen Gottesrelation, sondern wegen *Gottes* Relation zu uns *und* zu anderen Geschöpfen, so dass Gott z. B. auch den toten Sperling nicht vergisst (wie Jesus nach Lk 12,6 sagte). Vgl. *Kessler*, Evolution und Schöpfung in neuer Sicht (2010), 134–137.

250 Ebd. 163–175.

251 Siehe oben Anm. 225.

252 Ausführlich dazu *Karl Rahner*, Über den »Zwischenzustand«, in: Ders., Schriften zur Theologie, Bd. 12, Einsiedeln 1975, 455–468. Rahner zeigt, dass die Annahme eines Zwischenzustands der leiblosen Seele (anima separata) voller Widersprüche ist.

253 Irenäus und viele Folgenden verkannten die *biblische Rede vom »Fleisch«*: »alles Fleisch« (hebr. qol basár) bedeutet: alle endlichen, sterblichen Geschöpfe; »das Wort ist Fleisch geworden« (Joh 1,14) bedeutet: es ist ein endlicher, sterblicher Mensch geworden. »Auferstehung des Fleisches« kann biblisch sinnvollerweise nur »Auferstehung der endlichen, sterblichen Geschöpfe« bedeuten, nicht aber Auferstehung des materiellen Fleisches oder Körpers, wie man jahrhundertelang gedacht hat. Deswegen ist der Ausdruck »Auferstehung des Fleisches« im ökumenischen Credo mit Recht durch »Auferstehung der Toten« ersetzt worden. (Bei Paulus bekommt das meist mit »Fleisch« übersetzte Wort sarx eine pointiert andere Bedeutung: der der Sünde und Selbstsucht verfallene Mensch, während, wie wir sahen, das mit Leib übersetzte soma den Menschen in seinem Verhältnis zu sich selbst und zu den anderen meint.)

254 *Thomas von Aquin* (1225–1274), De pot. 9,2 ad 14 (vgl. auch STh I 29,1 ad 5 und 75,4 ad 2): Eine nackte anima separata wäre »contra naturam animae«; Person-Sein, Mensch-Sein, Ich-Bewusstsein mit Beziehungen kämen ihr nicht zu; »anima separata non est persona«, »non est ego«. Ep I ad Cor 15,2, n. 924: »Wenn daher die Seele im anderen Leben das Heil erlangte, wäre dennoch nicht ich oder ein Mensch im Heil«.

255 Wie sie *Ulrich Lüke*, Auferstehung (2004), 242f, vorgeschlagen hat. Vgl. auch den folgenden Unterpunkt (2).

256 nicht erst zwei/drei Tage später (obwohl das JohEv mit seinen verschiedenen Schichten auch diese Redeweise aufnehmen kann).

257 *Rahner*, ebd. 456 und 462.

258 So beginnt *Arno Pötzsch* 1941 ein Lied, zu finden im Evangelischen Gesangbuch Nr. 533.

259 *Boethius*, De consolatione philosophiae (Vom Trost der Philosophie) V,6: aeternitas igitur est interminabilis vitae tota simul et perfecta possessio, quod ex collatione temporalium clarius liquet.

260 *Augustinus*, De civitate Dei XIX 13,17: frui deo et invicem *in* deo.

261 So endet das erwähnte Lied von *Arno Pötzsch*.

262 Für den Berliner Philosophen Holm Tetens (jahrzehntelang Atheist, wie er sagt) ist einer der stärksten Gründe für den Gottesgedanken die Hoffnung auf Erlösung und auf Gerechtigkeit für die Opfer der Weltgeschichte: *Holm Tetens*, Gott denken. Ein Versuch über rationale Theologie, Stuttgart 2015.

263 oder wie ihn auch Hosea 11,8f und Jes 53 bezeugen oder Gipfelerfahrungen mancher Religionen ahnen.

264 *Marie Luise Kaschnitz*, Seid nicht so sicher. Geschichten, Gedichte, Gedanken, Gütersloh 1979, 72f. Hier gekürzte Fassung zitiert nach dem Evangelischen Gesangbuch, Ausgabe Rheinland-Westfalen (1996), bei Nr. 630.

[265] Auferweckt also *im* Tod (am Kreuz), nicht erst drei Tage später, da mag es Jüngerinnen und Jüngern offenbar geworden sein. Zur Formel »am dritten Tag« vgl. oben in Kapitel 3,1b.

[266] Vgl. dazu *Kessler*, Sucht den Lebenden, 300. – Meine zugespitzten Formulierungen »im Tode entglitt er Gott selbst« u. ä. (299f) hat *K.-H. Menke*, Jesus, 54f., kritisiert, freilich dabei nicht ernstgenommen, dass ich hinzugefügt hatte »es sei denn, Gott ließe ihn im Tode nicht los«. Eben dies, dass *Gott ihn im Tod nicht loslässt*, nehme ich nämlich ganz entschieden an. Doch Menke geht es um etwas anderes: Er geht von einer dogmatischen Vorannahme aus (»Jesus ist von Anfang an Gott der Sohn«, dessen »Inkarnation«, deshalb handelt in seinem Tod nicht nur Gott der Vater *an* ihm, sondern Jesus, Gott der Sohn, handelt in seinem Tod auch selbst *mit*, er geht als der inkarnierte Sohn Gottes selbst aktiv durch den Tod hindurch). Diese dogmatische Vorannahme wird der vorösterliche Jesus oder auch das MkEv kaum gehabt haben. Vgl. zur Sachfrage *Kessler*, Christologie (1992), 435–437.

[267] Dieser ist ganz biblisch, entspricht dem Credo der Kirchen, ist vereinbar mit heutiger Naturwissenschaft (z. B. dem Satz der Erhaltung der Energie im Kosmos), und er ist kritisch gegen so manche ent-solidarisierenden Trends in der heutigen Weltgesellschaft.

[268] *Dietrich Bonhoeffer*, Widerstand und Ergebung. Briefe und Aufzeichnungen aus der Haft, Neuausgabe München 1970, 175f.

[269] *Kurt Marti* 1970. Das Lied fand sich im früheren Gotteslob (Katholisches Gebet- und Gesangbuch für das Bistum Limburg, Frankfurt/M. 1975, Nr. 837) und im Evangelischen Gesangbuch (Ausgabe für die Evangelische Kirche in Hessen und Nassau, Frankfurt/M. 1994, Nr. 550). Es findet sich nicht im aktuellen Evangelischen Gesangbuch für Rheinland und Westfalen und nicht im neuen Gotteslob für das Erzbistum Paderborn (Stuttgart 2013).

[270] *Kurt Marti*, Leichenreden, Darmstadt 1976, 25, gekürzt (und ergänzt).

ANMERKUNGEN

Personenregister